डॉ. भीमराव अंबेडकर भारत का संविधान रचने वाले दल का अगुआ कहे जाते हैं लेकिन यह परिचय उनके कुल पुरुषार्थ को पूरी तरह व्यक्त नहीं करता। डॉ. अम्बेडकर ने बेहद वर्ग वैमनस्यपूर्ण परिवेश में, धार्मिक विपन्नता के बीच अपना जीवन शुरू किया, जिसे उसकी विमाता ने और भी कठिन बना दिया। इस सबके बावजूद डॉ. अंबेडकर ने अपनी पीड़ा में समूचे दलित वर्ग की पीड़ा का दुर्भाग्यपूर्ण आलेख पढ़ा और इसी दिशा में संघर्षरत हो गये। इस क्रम में उन्होंने राजनीति और कानून दोनों का साधना शुरू किया और अंततः वहां आ पहुंचे जहां कठिन स्थितियां आने वाले समय को धीरज बंधाने लगीं। संविधान का प्रणयन इसी क्रम में डॉ. अंबेडकर का प्रकल्प बना। यह पुस्तक रोचक शैली में उस महापुरुष का जीवन वृतांत सामने लाती है, जो आज दलितों का मसीहा कहा जाता है और उसका विचारंदर्शन आज भी प्रासंगिक है।

दलित समाज के पितामह

डॉ. भीमराव अम्बेडकर

डॉ. सुनील जोगी

डायमंड बुक्स

ISBN :

प्रकाशक : **डायमंड पॉकेट बुक्स प्रा. लि.**
X-30, ओखला इंडस्ट्रियल एरिया,
फेज-2, नई दिल्ली-110020
फोन : 011-41611861
फैक्स : 011-41611866
E-mail : sales@dpb.in
Website : www.dbp.in

संस्करण : 2007

ले-आउट : प्रवीण कुमार

टाइप : आर. एस. प्रिंटर्स, नई दिल्ली-49

मुद्रक :

Dalit Samaj Ke Pitamaha Bhim Rao Ambedkar
by: Dr. Sunil Jogi

समर्पण

डॉ. अम्बेडकर की परंपरा की सच्ची संवाहक

मान्यवर कांशीराम जी की घोषित उत्तराधिकारी

सर्वजन समाज की आदर्श नेत्री

नारी स्वाभिमान की प्रतीक

उत्तर प्रदेश एवं बहुजन समाज पार्टी की राष्ट्रीय अध्यक्ष

चौथी बार बनी यशस्वी मुख्यमंत्री

बहन कुमारी मायावती जी (एडवोकेट)

को

सादर समर्पित

– डॉ. सुनील जोगी

संक्षिप्त–परिचय

डॉ. सुनील जोगी

हास्य–व्यंग्य कवि / संयोजक, लेखक, गीतकार

- 1 जनवरी ,1971 कानपुर में जन्म।
- एम.ए.,पीएच.डी. (हिन्दी), दिल्ली से।
- विभिन्न विधाओं में 70 पुस्तकें प्रकाशित।
- गीत, ग़ज़ल, एवं भजन के 25 ऑडियो कैसेट प्रसारित।
- बी.बी.सी.लन्दन, दूरदर्शन, आकाशवाणी, एन.डी.टी.वी., ज़ी न्यूज़, सब टी.वी., जैसे अनेक चैनलों में काव्य पाठ।
- 4 हिन्दी फिल्मों के लिए गीत लेखन।
  फिल्म – फन, मकसद, प्रॉबलम में फंस गया यार।
- लाल किला, इंडियन ऑयल, डी.सी.एम., जनता की पुकार, जैसे देश के सभी प्रतिष्ठित कवि सम्मेलनों सहित लगभग 2500 कवि सम्मेलनों में काव्य पाठ।
- लन्दन,मैनचेस्टर,बर्मिंघम,ऑक्सफोर्ड (यू.के.), पेरिस (फ्रांस), ओसलो (नार्वे), मस्कट 2003, 2004, 2005, और 2006 (ओमान) पारामारिबो (सूरीनाम), भूटान, हॉलैण्ड, दुबई 2004, 2005, 2006 और 2007 की काव्य–यात्राएं।
- राष्ट्रीय पत्र–पत्रिकाओं में 500 से अधिक कविताएं, लेख स्तम्भ लेखन, साक्षात्कार प्रकाशित।
- डी.डी.न्यूज़ के कार्यक्रम 'खबरें खबरदार' में 5 माह तक प्रतिदिन काव्य पाठ।
- 'पंजाब केसरी', 'राष्ट्रीय सहारा', 'प्रतिदिन' एवं 'आज का आनन्द' में स्तम्भ लेखन।
- डी.डी.–1, ज़ी न्यूज़, एन.डी.टी.वी., सब टी.वी. एवं अन्य चैनलों पर अनेक बार साक्षात्कार एवं काव्य पाठ।
- डी. डी.–1 पर प्रसारित चित्रहार एवं सोनी पर प्रसारित 'जीतो छप्पर फाड़ के' सहित अनेक धारावाहिकों व टेली फिल्मों हेतु भीर्शक गीत व स्क्रिप्ट लेखन।
- सब टी.वी. पर 'कैरी ऑन भोखर' में भोखर सुमन द्वारा साक्षात्कार।
- नार्वे में 'अंतर्राश्ट्रीय हिन्दी सम्मान–2002' सहित अनेक सम्मान एवं पुरस्कार।
- संसद भवन की हिन्दी समिति के पूर्व समन्वय अधिकारी।
- हिन्दी अकादमी, दिल्ली सरकार के पूर्व सहायक सचिव।
- पूर्व लोकसभाध्यक्ष के अपर निजी सचिव के रूप में संसद भवन में कार्य।
- अध्यक्ष, श्रीगणेश सांस्कृतिक संगठन, नई दिल्ली।
- निदेशक, इंडियन मीडिया एण्ड इंटरटेन्मेन्ट एकेडमी।
- राष्ट्रीय महासचिव, अ. भा. मानवाधिकार निगरानी समिति, भारत।

सम्पर्क – नन्द निकेतन
ए– 28 , पंचशील विहार
नई दिल्ली–110017
ई–मेल– kavisuniljogi@gmail.com
kavisuniljogi@rediffmail.com
वेबसाइट– www.kavisuniljogi.com
www.hasyakavisammelan.com

RAJESH VERMA
Member of Parliament
(Lok Sabha) Sitapur (U.P.)

Leader : BSP Parliamentary Party

Chairman: Committee on Absence of Members from sittings of the House

Member:
Standing Committee on Defence
Consultative Committee for the Ministry of Coal
Railway Convention Committee

Office: 145-A, Parliament House
New Delhi-110 001
Tel. 011-23034814, 23019971

Residence: 14-C, Ferozeshah Road,
New Delhi-110001
Tel. 011-23730030, 23712609
Tel. (Sitapur) 05862-248879

17-08-07

प्रस्तावना

मुझे बड़ी प्रसन्नता है कि सिद्ध कवि डा0 सुनील जोगी ने बाबा साहब डा0 बी0आर0अम्बेडकर के व्यक्तित्व एवं कृतित्व पर एक नयी पुस्तक लिखी है। डा0 सुनील जोगी मेरे अत्यंत घनिष्ठ मित्र एवं पारिवारिक सदस्य हैं। इनके लेखन एवं काव्य साहित्य की लगभग 70 पुस्तकों को पढ़कर मैं अत्यंत प्रभावित हुआ हूं। इन्होंने देश विदेश में लगभग 2500 कवि सम्मेलन किये हैं।

डा0 बी0आर0 अम्बेडकर जी के जीवन पर इनके द्वारा लिखी गयीं पुस्तक समाज के दलित शोषित वर्ग के साथ-साथ सर्व समाज के लिए अत्यंत हितकारी साबित होगी। पुस्तक में बाबा साहब के जीवन की अनेक घटनाओं एवं उनके संदेश, शिक्षा का बड़ी कुशलता से चित्रण किया है। पुस्तक का अध्ययन करने के पश्चात् इस बात का अहसास होता है कि बाबा साहब ने अपने जीवन में समाज के हित के लिए कितना संघर्ष एवं कितनी शारीरिक व मानसिक पीड़ा झेलकर समाज को एक जुट करने में सफलता प्राप्त की है जिससे आने वाली पीढ़ियां निश्चित रुप से प्रेरणा लेती रहेंगी।

मुझे अत्यंत हर्ष हो रहा है कि यह पुस्तक सम्मानित पाठकों के समक्ष प्रस्तुत है। इसके लिए मैं डा0 सुनील जोगी एवं पुस्तक के प्रकाशक डायमंड बुक्स को हार्दिक शुभकामनाएँ देता हूं, मुझे विश्वास है कि यह पुस्तक जनोपयोगी सिद्ध होगी और पाठकों का भरपूर सहयोग, समर्थन एवं स्नेह प्राप्त करेगी।

भवदीय,

(राजेश वर्मा)

अनुक्रम

- आजीविका के हल सें उत्पन्न सुखद पल
- छात्रवृत्ति के करार को वापस करने की दरकार
- अपने लक्ष्य–पूर्ति के लिए संघर्ष
- यूरोप–प्रवास
- अछूतोद्धार की सेवा का निर्णय ले, कर्मक्षेत्र में कदम रखा
- महाड़ व नासिक सत्याग्रह
- महाड़ आन्दोलन
- महाड़ की घटना को लेकर सवर्णों का हमला
- पाक्षिक–पत्र – 'बहिष्कृत भारत'
- डॉ. अम्बेडकर के बड़े भाई का निधन
- पुनः महाड़ आन्दोलन की कोशिश
- मनुस्मृति का दहन
- नासिक में एक बैठक
- सामाजिक सुधार व विचार
- ब्रिटिश सरकार का साइमन कमीशन
- 'महार वतन सुधारक'
- अछूत विद्यार्थियों की शिक्षा–व्यवस्था को लेकर संघर्ष
- नासिक अभियान
- राजनीतिक गतिविधियों के लिए प्रयास तेज
- राजनीति में पूर्णता से प्रवेश
- गोलमेज सम्मेलन
- अम्बेडकर और गांधीजी के विचारों में संघर्ष
- दूसरा गोलमेज सम्मेलन
- दूसरे गोलमेज के दौरान भारत में प्रतिक्रिया
- गाँधी जी का अनशन व पूना पैक्ट
- हरिजन सेवक संघ की स्थापना
- हरिजन सेवक संघ से डॉ. अम्बेडकर बाहर आए
- डॉ. अम्बेडकर की पत्नी का निधन
- धर्मांतरण की इच्छा की घोषणा
- हिन्दू धर्म में जात–पात व धर्म की आलोचना
- नए दल की स्थापना
- जिन्ना के मुक्ति–दिवस में डॉ. अम्बेडकर का साथ
- 1942, भारत छोड़ो आन्दोलन
- पग–पग पर संघर्ष ही संघर्ष

प्रथम अध्याय

डॉ. भीमराव अम्बेडकर से पूर्व महाराष्ट्र की सामाजिक व आर्थिक स्थिति

डॉ. अम्बेडकर के जीवन–कार्यों और क्रान्तिकारी विचारों को समझने के लिए उनके जीवन पर समग्र दृष्टि डालने से पूर्व उनके पूर्व समय की स्थिति की विवेचना करना भी समीचीन होगा।

चूंकि डॉ. अम्बेडकर महाराष्ट्रीयन थे। वर्णव्यवस्था की चोट को वह आजीवन झेलते ही नहीं रहे बल्कि उसके खिलाफ अपनी तार्किकता से लड़ते भी रहे। अतः जिस स्थान में उनका जन्म हुआ वहां की सामाजिक, सांस्कृतिक और ऐतिहासिक पृष्ठभूमि का ज्ञान हमें डॉ. अम्बेडकर को भली–भांति समझने में हमारी मदद करेगी।

महाराष्ट्र के संतों की भूमिका

मराठी भाषा का संत–साहित्य काफी समृद्ध है। यहां नामदेव, एकनाथ और तुकाराम जैसे संत हुए हैं। भागवत धर्म की संत–परम्परा में उच्च और निम्न दोनों जातियों के संत–कवियों ने जन्म लिया। जनता में इनका काफी सम्मान होता था क्योंकि ये वर्ण और जाति के विरोध में खड़े होकर मानवीयता का संदेश देते थे। जबकि कट्टर ब्राह्मण इनके विरुद्ध रहते थे। संत तुकाराम को शूद्र मानकर काफी प्रताड़ित किया गया और उनके भजन–संग्रह को नदी में डुबो दिया गया। इसी तरह संत चोखामेला जो जाति से महार थे। एक दिन वह पंढरपुर के मंदिर में भक्तिभाव से प्रेरित अवस्था में अंदर चले गए। तिलमिलाए ब्राह्मणों ने न केवल उनको धक्के मारकर निकाला अपितु उन्हें मुस्लिम अधिकारियों के हवाले कर दिया। उन अधिकारियों ने संत चोखामेला को जो सजा घोषित की वह थी उनकी मृत्यु तक उन्हें बैलों में बांधकर घसीटा जाए किन्तु किसी कारण से सजा पूर्णरूप से पूरी हो न सकी।

समाज में संतों का लोक–आदर तो था किन्तु उन्हें राजाश्रय नहीं मिला था। उनके भक्ति–आन्दोलन से समाज के कुछ शुद्र तबके कुछ हद तक लाभान्वित हुए और कइयों को अपनी प्रतिभा विकसित करने का अवसर भी मिला था। छत्रपति शिवाजी ने महाराष्ट्र में मराठा राज्य

की स्थापना भी इन्हीं के धर्म–आन्दोलनों से प्रेरित होकर की थी। शिवाजी मराठा जाति से आते थे जो एक क्षत्रिय जाति थी। किन्तु महाराष्ट्रीयन ब्राह्मण दो ही जाति को मानते थे ब्राह्मण और शूद्र। इसलिए महाराष्ट्र के ब्राह्मणों ने शिवाजी को भाद्र जाति का बतलाकर उनका राज्याभिषेक करने से इन्कार ही नहीं किया बल्कि धर्म विरुद्ध भी बतलाया। इसी कड़ी में उन्होंने काशी से बुलाए गए गंगाभट को भी राज्याभिषेक करने से रोकना चाहा, किन्तु ज्यादा दान–दक्षिणा पाने के लालच में गंगाभट ने शिवाजी का राज्याभिषेक कर दिया था।

शिवाजी की मृत्युपरान्त निम्नवर्ग पर जुल्म

छत्रपति शिवाजी की मृत्यु के बाद धीरे–धीरे महाराष्ट्र पर पेशवाओं का प्रभुत्व स्थापित हो गया। पेशवा ब्राह्मण जाति से संबंध रखते थे। पुणे को उन्होंने अपनी राजधानी बनाया। इनके प्रशासन में जाति व्यवस्था चरम स्थिति में पहुँचने लगी। अछूतों की स्थिति दिन पर दिन गिरती चली गई। उन्होंने स्पृश्य जाति प्रभु पर कई तरह के बन्धन लगाए – वेद–मंत्रों का प्रयोग न करे, चंदन आड़ा लगाएं और धोती दोहरी करके पहने इत्यादि। इसी तरह महाराष्ट्र की महार जाति पर भी कुछ ज्यादा ही अत्याचार किए जो कि एक अछूत किन्तु बहादुर जाति समझी जाती थी। पेशवाओं के प्रशासन में अछूतों को खास हिदायत दी जाती थी कि वह अपनी जातिगत दशा को दर्शाने के लिए अपने गले या कलाई पर काला डोरा बांधकर निकला करें ताकि सवर्ण उनसे दूर रह सकें। इसी तरह मन्दिरों में अछूतों का प्रवेश निषिद्ध था। पढ़ना–लिखना भी ब्राह्मणों का कार्य था। अछूत तो गुलाम भर थे और समाज में उनसे पशुवत व्यवहार किया जाता था।

अंग्रजों के आगमन से अछूतों की स्थिति में परिवर्तन

ईस्ट इंडिया कम्पनी की स्थापना सन् 1600 में हो गई थी किन्तु धीरे–धीरे उनका साम्राज्य फैलता जा रहा था। महाराष्ट्र के एक इतिहासविज्ञ श्री गोविंद सखाराम सरदेसाई का मानना है कि पेशवा ब्राह्मणों के अत्याचार से बचने के लिए कई महारों ने अंग्रजों की सेना में शामिल होकर अंग्रेजी राज्य की पताका फहराने में अपने शौर्य का

प्रदर्शन किया। इस तरह 10 मई, 1818 को पूना में अंग्रेजी झंडा लहराने की रस्म भी एक ब्राह्मण से करवाकर ब्राह्मणों को भोज व दान–दक्षिणा दी गई। जिससे ब्राह्मणों की सहानुभूति भी बरकरार रखी गई और आरम्भ में स्वार्थवश अंग्रेजों ने शिक्षा को ब्राह्मणों तक ही सीमित रहने दिया और अन्य हिन्दुओं को भी शिक्षा से वंचित कर दिया। अछूतों की शिक्षा का तो सवाल ही नहीं उठता। आगे चलकर कंपनी सरकार ने लार्ड मैकाले के प्रयत्न से हिन्दुस्तानियों को अंग्रेजी शिक्षा देना स्वीकार किया। इस तरह 1840 में मुंबई में 'बोर्ड ऑफ एज्यूकेशन' की स्थापना हुई। कई जगह अंग्रेजी स्कूल भी खुल गए। अन्य हिंदुओं पर तो शिक्षा से पाबन्दी हटा ली गई किन्तु अछूतों के लिए ज्ञान–प्रसार का मार्ग अभी भी बन्द था। यहाँ तक कि 1856 में एक महार लड़के के प्रार्थना–पत्र को बोर्ड के डायरेक्टरों ने इसलिए खारिज कर दिया कि इससे सवर्ण हिंदू नाराज हो जाएंगे, सरकारी नीति भी उस समय तक अछूतों के खिलाफ थी।

ब्रिटिश संसद का भारत पर नियन्त्रण

1857 के विद्रोह के बाद ईस्ट इंडिया कम्पनी से सारा कार्यभार ब्रिटिश संसद ने ले लिया। अंग्रेज अपने शासन को डोलते देख समझ गए कि उन्हें शासन चलाना है तो चतुराई से काम लेना होगा। ईस्ट इंडिया कम्पनी में जहाँ हिन्दू सवर्ण अधिक थे वहीं उन्होंने निम्न वर्गों यानी अछूतों और दलितों को भी सेना में भर्ती करना शुरू कर दिया। कम्पनी सरकार के लागू नियम के अनुसार सैनिकों के परिवार को अनिवार्य रूप से शिक्षा दी जाती थी। जिससे उनके बच्चों में शिक्षा का प्रसार होने लगा और उनके चिन्तन–शक्ति को विकसित होने के लिए खुली हवा मिलने लगी। जिससे समाज में अपनी स्थिति का उन्हें भान होने लगा था। अछूतों में शिक्षा का प्रसार अछूतों का सेना में प्रवेश होते रहने से बढ़ता चला गया था।

अन्य मार्ग जिनसे छुआछूत को खत्म करने में बल मिला

ईसाई मिशनरी अपने धर्म का प्रसार करने के लिए दलित वर्ग के लिए स्कूल खोलने लगी थीं। जहाँ सरकार ने दलितों की शिक्षा पर रोक लगा रखी थी। वहीं इसके उलट वह ईसाई मिशनरियों के इस

कार्य के लिए आर्थिक सहयोग भी देती थी। धर्मांतरण को बढ़ावा मिले इसके लिए सरकार ने 1832 में एक कानून भी बनाया जिसके अनुसार वह हिन्दू या मुसलमान जो धर्म परिवर्तन करके ईसाई बने हैं, उन्हें भी उनकी पैतृक सम्पति से हिस्सा मिलेगा। तब धर्मान्तरण का ऐसा दौर चला था कि बहुत से अछूत ईसाई बनने लगे थे।

मुंबई से ठाणे तक की रेल–यात्रा

अंग्रेजों ने अपनी सुविधा के लिए ही सही किन्तु 1853 में मुंबई से ठाणे तक रेल चलवायी और उसके बाद 1863 में मुंबई से पूना तक दौड़ती रेल न केवल लोगों की उत्सुकता का विषय बनी रही अपितु इस रेल–यात्रा की रेलमपेल ने धीरे–धीरे अछूत भावना को खारिज करना भी शुरू कर दिया था। आखिर सफर में कितने ही लोगों के कन्धे टकराते हैं। तब किसके पास इतनी फुर्सत रहती है कि यह जानने कि चेष्टा करे कि टकराने वाला कौन किस जाति से सम्बन्ध रखता है। कहने का मतलब, भारत में मुंबई से ठाणे तक पहली ऐतिहासिक दौड़ती रेल ने धीरे–धीरे ही सही अन्जाने में छुआछूत की भावना को नकार दिया था।

मुंबई यूनिवर्सिटी की स्थापना

देश के अनेक प्रमुख शहरों में स्कूल और कॉलेज खुलने लगे थे। मैट्रिक की पहली परीक्षा की शुरुआत 1856 में हो गई थी। सन् 1857 में मुंबई, कोलकाता और चेन्नई में विश्वविद्यालय की स्थापना हो गई थी। तब डिग्री की पहली परीक्षा 1862 में हुई। मुंबई यूनिवर्सिटी के प्रारम्भिक काल में डिग्री धारकों में जस्टिस महादेव गोविंद रानाडे, जस्टिस काशीनाथ त्रयंबक तेलंग और डॉक्टर रामकृष्ण गोपाल भंडारकर का नाम उल्लेखनीय है। इन जैसे शिक्षित लोगों को हिंदू समाज की पीड़ाओं का अनुभव होने लगा और इसी दिशा में इन्हें समाज की उन्नति के लिए कार्य करना शुरू भी कर दिया था। इन्हीं महानुभावों की कृपा से 1867 में मुंबई में 'प्रार्थना समाज' की स्थापना हुई किन्तु इन सुशिक्षितों में तब इतना साहस नहीं था कि खुलकर उन ताकतों से जूझ सकें, जिनकी बदौलत पीढ़ियों से यहाँ अछूतों का शोषण होता आ रहा था।

शिक्षा का प्रचार–प्रसार

18वीं शताब्दी तक सामाजिक कुप्रथा अपने चरमोत्कर्ष पर थी। अंग्रेजी शिक्षा के परिणामस्वरूप 19वीं शताब्दी के आरम्भ में इस दिशा में कुछ सुधार होने आरम्भ हुए महाराष्ट्र में सन् 1840 के आस–पास सामाजिक और धार्मिक स्थिति में परिवर्तन दिखाई देने शुरू हो गए थे।

महाराष्ट्र के समाज सुधारकों में सबसे पहले श्री ज्योतिराव गोबिन्दराव फुले (1827–90) का नाम याद किया जाता है। हालांकि उस समय श्री गोपाल हरि देशमुख भी अपने मराठी लेखों द्वारा सामाजिक विषमता, परम्परावादी और रूढ़िग्रस्त समाज के विरुद्ध कठोर टीका–टिप्पणी कर रहे थे। उनके लेखों में समाज की दयनीय स्थिति का जो चित्रण मिलता है उसमें सबसे ज्यादा स्त्रियों की दुर्दशा और जातिगत बुराइयों के प्रति अधिक चिन्तन अधिक जान पड़ता है।

श्री ज्योतिराव फुले माली जाति में पैदा हुए थे। जिसे ब्राह्मण समाज शूद्र जाति समझती थी। इस बात को उन्होंने एक भुक्तभोगी के रूप में अच्छी तरह से समझा व जाना था। जब एक ब्राह्मण मित्र के न्योते पर पर वह मित्र की बारात में सम्मिलित हुए थे। ब्राह्मण वर्ग को एक शूद्र का बारात में शामिल होना बुरी तरह चुभ रहा था और उन्होंने ज्योतिराव फुले का तिरस्कार करके समारोह से बाहर कर दिया था।

श्री फुले ने प्राचीन ग्रन्थों का मनोपूर्वक अध्ययन कर निष्कर्श निकाला कि समाज में स्त्रियों, दलितों का सर्वाधिक शोषण किया गया है। 1869 में उन्होंने '**छ. शिवाजी राजे यांचा पोवाड़ा**' नामक वीर काव्य की रचना की जिससे उनकी शिवाजी महाराज के जाति–निरपेक्ष दृष्टि के प्रति प्रभावोत्पकता का पता चलता है। 1873 में ' **ब्राह्मणांचे कसब**' नाम से लिखी उनकी पुस्तक में उन्होंने बाह्मणों की पोल–पट्टी खोलकर रख दी थी। 1873 में एक अन्य पुस्तक '**गुलामगिरी**' नाम से छपी। इस पुस्तक में उनकी मौलिक प्रतिभा का आभास भी हुआ, जिसमें उन्होंने भारतीय समाज के दलितों की वेदनाओं के आन्दोलन को विश्व के अन्य नीग्रो आन्दोलन से जोड़कर अपनी व्यापक दृष्टि का परिचय दिया। 1883 में उन्होंने किसानों की दुर्दशा सम्बन्धित '**यरंतक–यांचा आसूड**' नामक पुस्तक लिखी। 1885 में उनकी एक और पुस्तक '**इशारा**' आई उसमें भी उन्होंने शूद्रों की असहाय स्थिति का बखूबी चित्रण किया।

श्री फुले वास्तव में अंग्रेजी शिक्षा से अत्यधिक प्रभावित हुए थे। उन्होंने ब्राह्मण पर तर्कसंगत चोट तो की ही थी किन्तु उनका ध्येय ऐसे समाज के निर्माण का था जिसमें समस्त व्यवस्था एक दूसरे की अवहेलना न करे। अपनी इस सोच को उन्होंने अपनी मृत्यु से पहले छपी पुस्तक '**सार्वजनिक सत्यधर्म**' में प्रकट किया था। यही कारण है कि श्री फुले महाराष्ट्र में एक सशक्त आक्रामक–विद्रोही व्यक्ति के साथ–साथ प्रतिभावान व्यक्ति भी थे। जिन्होंने सदैव अपने लक्ष्य की ओर ध्यान दिया, यही कारण है कि उन्होंने 1848 में पूना में कन्या पाठशाला खोली, जिसमें उनकी धर्मपत्नी ने अध्यापिका बनकर उनका सहयोग किया। 1854 में उन्होंने अछूत लड़के–लड़कियों के लिए भी स्कूल चलवाए और स्वयं पढ़ाने लगे। उनके इस कार्य से रूष्ठ कुपित होकर उनके पिता ने उन्हें घर से निकाल दिया किन्तु वह फिर निष्ठापूर्वक अपने पथ पर चलते रहे। सन् 1888 में मुंबई की जनता ने इन्हें 'महात्मा' की उपाधि प्रदान की। 1890 में इनकी मृत्यु हो गई।

न्यायमूर्ति गोबिन्द रानडे भी महाराष्ट्र के प्रमुख समाज चिन्तकों में गिने जाते रहे हैं। उन्होंने 'स्वतन्त्रता' की प्राप्ति से ज्यादा बल 'समाज सुधार' पर दिया। उनका मानना था कि स्वतन्त्रता के बाद सुधार की स्थिति में कमी आ सकती है। अतः अंग्रेज सरकार से यह आशा रखते थे कि वह स्वतन्त्रता प्रदान करने से पूर्व समाज–सुधारक के रूप में ज्यादा से ज्यादा प्रयत्नशील रहे।

तत्कालीन समय में ब्रिटिश शासन में महार जाति को सैनिक में ज्यादा भर्ती किया जा रहा था। उनकी बहादुरी की वजह से ही ब्रिटिश साम्राज्य में 'महार बटालियन' विकसित की जाने लगी थी। इससे एक उपेक्षित पीढ़ी को अपनी दशा सुधारने के लिए एक जमीन तैयार होने लगी थी।

महार सेना से गोपालबुवा कृष्णा बंलगकर नामक एक सैनिक 1886 में रिटायर क्या हुआ कि उन्होंने अपनी आगे की जिन्दगी का ध्येय समाज कार्य की उन्नति के लिए लगा दिया था। इन्होंने तब महाराष्ट्र के दापोली में दलित समाज के उद्धार के लिए सामाजिक संस्था 'अनार्य दोष परिहार मंडली' स्थापित की थी। यह तब के समय में ऐसी पहली संस्था थी। दरअसल वह महात्मा फुले से अधिकाधिक

प्रभावित थे। इसी प्रभावोत्पादकता के कारण सेना में रहकर उन्होंने पढ़ाई की थी और कई धर्मग्रन्थों का अध्ययन भी किया और पाया कि अछूत जो कि अनार्य हैं उन्हें आर्यों ने अपनी शक्ति द्वारा पीड़ित दशा में पहुंचा दिया है। इसी कारण उन्होंने संस्था को 'अनार्य दोष परिहार मंडली' नाम दिया। उन्होंने अपनी पुस्तक में दलितों के प्रति करुणा को उजागर किया और लोगों को बताया कि दलित ईश्वर की नहीं बल्कि उच्च वर्ग के मनुष्यों के शोषण की देन है।

1867 में 'प्रार्थना समाज' की स्थापना

मुंबई में जस्टिस रानाडे और डॉक्टर भंडारकर ने 1867 में 'प्रार्थना समाज' की स्थापना की थी। इसका उद्वेश्य एक ईश्वरवाद को मानते हुए समाज को एकत्रित करना और जातिभेद के विरुद्ध कार्य करना था किन्तु यह समाज इस क्षेत्र में ज्यादा कुछ न कर सका। इनकी असफलता में इनकी कार्ययोजना का कोई दोष नहीं था क्योंकि ये लोग अपने सीमित बल पर ही समाज को चमत्कारपूर्ण भाव से बदल सकने का प्रयास करते रहे।

जब जस्टिस रानाडे और लोकमान्य तिलक बहिष्कृत हुए

पूना के पंच–हौद मिशन स्कूल में कुछ विद्धानों ने जस्टिस रानाडे और लोकमान्य तिलक जैसे कुछ लोगों को व्याख्यान इत्यादि देने के लिए अक्टूबर, 1891 में आमंत्रित किया था। सभा के उपरान्त चाय–पानी का दौर चला। ईसाइयों के हाथों से चाय–पानी ले लेने को लेकर पूना के एक मराठी अखबार 'पूणैवैभव' ने कड़ी आलोचना करते हुए उनके खिलाफ एक ऐसा जनमत तैयार कर दिया जिसका साथ पूरी तरह कट्टरपंथियों ने दिया। इस बात को उन्होंने शंकराचार्य तक पहुंचा दिया। जिसके परिणामस्वरूप शंकराचार्य ने सभा में शामिल इन गणमान्य लोगों को विधिपूर्वक पश्चाताप करने की सलाह दी। मजबूर होकर रानाडे ने तो विधिपूर्वक किन्तु तिलक ने तो काशी जाकर प्रायश्चित किया। जिन्होंने ऐसा करने से इन्कार किया उनका समाज में बहिष्कार होने लगा।

राजा छत्रपति साहू का योगदान

कोल्हापुर रियासत के राजा छत्रपति साहू महाराज का योगदान भी कम महत्त्वपूर्ण नहीं रहा। 1894 के अपने शासनकाल में उनकी रियासत में उच्च पद पर ब्राह्मणों का एकमात्र राज था निम्नकोटि के कर्मचारियों के रूप में शूद्रों की भर्ती होती थी। साहू महाराज महात्मा ज्योतिराव फुले की कार्य–योजना और विचारों से अत्यधिक प्रभावित हुए। उन्होंने भी इसी योजना के अन्तर्गत पिछड़ी जातियों के लिए शिक्षालयों व छात्रवृत्ति की अपनी योजनाओं को अंजाम दिया। जिससे शूद्रों, अछूतों व मुसलमानों में शिक्षा के प्रति एक तरह का आन्दोलन शुरू हो गया और इस तरह की तमाम पिछड़ी जातियाँ शिक्षा का लाभ पाकर लाभान्वित होने लगीं। ऐसी पिछड़ी जाति के लोगों को भी धीरे–धीरे उच्च पदाधिकारी के रूप में रखा जाने लगा तो ब्राह्मण समाज इससे अप्रसन्न हो गया और साहू महाराज के प्रति आग उगलने लगा। जब महाराज साहू ने पर्व–स्नान के मौके पर राजपुरोहित को पूजा करने को कहा तो राजपुरोहित ने वेदमंत्र पढ़ने से इन्कार करते हुए कहा 'वह शूद्र राजा है और उन्हें वेदमंत्र सुनने का अधिकार नहीं है' क्रोधित होकर राजा ने न केवल राजपुरोहित को अपनी सेवा से निकाल दिया अपितु उनको दी अपनी समस्त जमीन–जायदाद भी वापस ले ली। तब साहू महाराज ने नगदगुरु का एक नया पद बनाकर एक ग्रेजुएट युवक बेनाडीकर सदाशिवराव पाटिल को अपनी सेवा में नियुक्त किया। ब्राह्मणों ने कोशिश की कि इस बात को लंदन उच्चस्तरीय तक पहुंचाई जाए। उनका साथ लोकमान्य तिलक ने भी दिया और अपने पत्र 'केसरी' में साहू महाराज के खिलाफ लेख लिख डाला। इस तरह महाराज साहू के योगदान को भुलाया नहीं जा सकता कि उन्होंने भी अछूतोद्धार के लिए अपनी कार्यप्रणाली को अंजाम दिया था।

डिप्रेस्ड क्लासेस मिशन सोसाइटी की स्थापना

जिस आन्दोलन की शुरुआत ज्योतिराव फुले ने एक क्रान्तिकारी के रूप में की थी। उसी आन्दोलन को नई दृष्टि प्रदान करते हुए कर्मवीर विट्ठल रामजी शिदें (1873–1944) ने प्रार्थना समाज के एक कार्यकर्त्ता के रूप में आगे बढ़ाया। उन्हीं की पुरजोर कोशिशों के बाद सर

नारायणराव चंदावरकर (1855–1923) जैसे प्रतिष्ठित व्यक्ति जो कि हाई कोर्ट के जज, मुंबई कौंसिल के अध्यक्ष एवं मुंबई युनिवर्सिटी के वाइस चांसलर थे की अध्यक्षता में 'डिप्रेस्ड क्लासेस मिशन सोसाइटी ऑफ इण्डिया' की स्थापना की थी। इन्होंने अछूतों की शिक्षा के लिए विशेष प्रयास किए जिससे उनके जीवन का स्तर सुधर सके। उनकी इन कोशिशों के कारण उनके मिशन के कार्य को सरकार और समाज दोनों ने सराहनीय ठहराया। यही वजह है कि इस संगठन के नाम पर हिंदू, मुसलमान, ईसाई, पारसी और अंग्रेज भी आर्थिक सहायता प्रदान करते थे।

महाराष्ट्र के तत्कालीन अछूतोद्धार आन्दोलन के संक्षिप्त इतिहास पर प्रकाश डालते हुए एक बात साफ हो जाती है कि ब्राह्मण वर्ग का एक बड़ा तबका अपनी जाति के अहं में इतना डूबा हुआ था कि वह अपने अलावा दूसरी अन्य जाति को शूद्र या अछूत मानकर उनको पीढ़ियों से दबाता चला आ रहा था। अछूत लोग तो अक्सर गाँव के बाहर ही रहते थे, जहाँ उनके जीवन जीने के साधन बहुत ही सीमित मात्रा में उन्हें उपलब्ध हो पाते थे। उन्नीसवीं शताब्दी के अंत तक इन कमजोर तबकों को कोई विशेष प्रभावशाली नेता अपनी जाति में तो बिल्कुल भी उपलब्ध नहीं हुआ था। दूसरे अन्य सवर्ण वर्ग के कुछ लोग ही इनके आन्दोलन को कुछ दयाभाव जतलाते हुए चला रहे थे। जिससे आन्दोलनों में वह स्फूर्ति व रवानगी नहीं थी जो कि होनी चाहिए थी।

यह समाज एक ऐसे नेता की तलाश में अभी तक प्रतीक्षारत था जो इनके बीच में उठकर आया हो और जिसने वैसी ही दलित वर्ग की त्रासदी भोगी हो जैसी यह जाति पीढ़ियों से भोगती चली आ रही थी। समय का कपाट उस प्रतीक्षा को दूर करने के लिए खुलने वाला था। जिसमें डॉ. बाबा साहब भीमराव अम्बेडकर का अभ्युदय होने का निश्चित समय आने वाला था।

• • •

अध्याय–दो

डॉ. अम्बेडकर का जीवन परिचय

वंश–परम्परा एवं पारिवारिक पृष्ठभूमि

महाराष्ट्र के रत्नागिरी जिले में अंबावडे नामक गाँव में मालोजीराव सकपाल का निवास–स्थान हुआ करता था। वह रामानन्द पंथ के अनुयायी थे। इनका कुल–सम्बन्ध महार जाति से था। मालोजीराव की दो ही सन्तान जीवित रही थीं। उनके पुत्र जिनका नाम रामजी और पुत्री जिनका नाम मीरा था। दुर्भाग्य से मीरा अपाहिज थीं।

मालोजीराव सेना में थे। 1857 में सैनिक विद्रोह के पश्चात ब्रिटिश सरकार सजग हो गई थी। उस समय उच्च जातियों का बोलबाला था। सरकार ने सवर्णो का एकाधिपत्य तोड़ने के लिए ही अपनी नीति को बदला और विविध जातियों को सेना में भर्ती करने लगी। उसी सुअवसर का फायदा उठाकर मालोजीराव सेना में भर्ती हुए और हवलदार के पद से रिटायर हुए थे। महार जाति वीरता के लिए जानी जाती थी। इस जाति ने अपने रण–कौशल से दोनों विश्वयुद्धों में अपनी धाक मनवायी थी। यही कारण था कि इस जाति की सैनिक टुकड़ी का एक अलग रेजीमेंट बना दिया गया था।

सेना में रहते हुए मालोजीराव की मुलाकात सूबेदार धर्मा मुरवाडकर से हुई। वह मुंबई के ही कोंकण के रहने वाले थे। संयोग से सूबेदार अपनी लड़की भीमा के लिए वर की तलाश कर रहे थे। उच्च पदवी व अमीर घराने के सूबेदार को मालोजीराव का बर्ताव व व्यक्तित्व अच्छा लगा और वह अपनी लड़की का रिश्ता मालोजीराव के पुत्र रामजी से करने को तैयार हो गए ।

सूबेदार के कुछ रिश्तेदारों को यह सम्बन्ध रास नहीं आ रहा था कि एक गरीब परिवार में सूबेदार अपनी लड़की का विवाह करें। सूबेदार ने अटल निश्चय से रिश्ता पक्का किया और रामजी और भीमा का विवाह सन् 1865 में हो गया। उस समय रामजी की आयु बीस साल और भीमाबाई की आयु तेरह वर्ष की थी।

भीमाबाई के कुछ रिश्तेदार उसे दरिद्र घर में शादी किए जाने से अपमानित किया करते थे। जिससे भीमाबाई ने प्रण किया कि वह अपने मायके तभी जाएगी जब उसका अपना घर भी सम्पन्न हो जाएगा।

रामजी सेना में एक मामूली सैनिक थे किन्तु उनकी खेलों में जबरदस्त रुचि व जबरदस्त पैठ थी। जिससे एक बड़े अधिकारी का ध्यान उन पर गया और उनकी सिफारिश पर रामजी को पुणे के टीचर्स ट्रेनिग स्कूल में भेजा गया। रामजी के पुणे चले जाने से भीमाबाई मुंबई में ही रह गईं। फलतः दोनों जगह के खर्चे होने से आर्थिक व्यय अधिक होने लगा था। इस कारण से भीमाबाई ने भी मज़दूरी करके अपनी आर्थिक स्थिति को सुधारने का प्रयत्न किया था।

रामजी ने सेना में रहते हुए नार्मल स्कूल में अध्यापन की शिक्षा पायी थी। अंग्रेजी में उनका अच्छा अधिकार था। उन्हें बाद में तरक्की देते हुए सैनिक स्कूल में प्रिंसिपल बना दिया गया था। इस तरह से उनकी आर्थिक स्थिति में सुधार हुआ और प्रण के मुताबिक भीमाबाई ने अपने मायके में पैर रखा था।

रामजी और भीमाबाई के वैवाहिक जीवन में कुल चौदह संतान उत्पन्न हुईं। जिन दिनों रामजी की नौकरी में रहते हुए बदली मध्यप्रदेश के महू में हुई थी। उन्हीं दिनों उनके सबसे छोटे पुत्र भीमराव का जन्म 14 अप्रैल, 1891 को हुआ था। उनकी चौदह संतानों में से कुल सात संतान ही जीवित रह सकी थीं। जिनमें से बालाराम, आनन्दराव और छोटे पुत्र भीमराव के अलावा उनकी चार लड़कियों में गंगाबाई, रमाबाई, मंजुला और तुलना बची रही थीं।

रामजी की बहन अपाहिज होने की वजह से उन्हीं के साथ रहती थीं। हालांकि उनका विवाह हुआ था। किन्तु ससुरालवालों के अत्याचारों से दुःखी होकर वह वापस मायके लौट आयी थीं। मीराबाई एक परिश्रमी और प्रभावशाली स्त्री थीं और रामजी के परिवार का ख्याल रखा करती थीं।

रामजी धार्मिक वृत्ति के व्यक्ति थे। सुबह–शाम पूजा–अर्चना करते थे। उनका शिक्षा के प्रति बेहद लगाव था। उन्होंने सैनिक स्कूल में चौदह वर्ष तक अध्यापन किया था। अपने बच्चों की शिक्षा के प्रति भी वह जागरूक रहे और शिक्षा का जो अवसर सैनिक परिवारों को

मिल रहा था उसे वह खोना नहीं चाहते थे। अंग्रेजों की सत्ता का यह नियम था कि सेना के परिवार के छोटे–बड़े सबको शिक्षा प्राप्त करने का अधिकार आवश्यक रूप से मिले अन्यथा दलितों का शिक्षा से दूर–दूर तक रिश्ता नहीं था। इस कारण उनके लड़के पढ़ने लगे थे।

सन् 1894 में जब भीमराव ढाई साल के ही हुए थे। उनके पिता रामजीराव नौकरी से रिटायर हो गए। उन्हें अब पेंशन के तौर पर केवल 50 रुपये ही मिला करते थे। जिसमें एक बड़े परिवार को पालना मुश्किल काम था। वह अभी तक कहीं कोई मकान भी नहीं बनवा पाए थे। इसलिए वह परिवार समेत गाँव की ओर दापोली आ पहुँचे थे। यहां आनन्दराव को उन्होंने प्राथमिक स्कूल में भर्ती करवा दिया था। उसके बाद भीम भी स्कूल जाने लगा। परिवार को पालने की फिक्र में रामजी कोई छोटे–मोटे काम–काज की तलाश में लग गए थे। किन्तु छोटे से गाँव में कोई काम न मिलता देख उन्होंने मुंबई की ओर रुख कर लिया।

बालक भीम को मातृत्व शोक

मुंबई पहुंचकर भी उन्हें नौकरी नहीं मिली। किन्तु प्रयत्न करते रहने पर उन्हें सातारा में नौकरी मिल गई थी। भीमराव की शिक्षा का भी यहाँ प्रबन्ध किया गया था। यहाँ भीमाबाई की तबियत ठीक नहीं रहती थी। उन्हें वर्षों से सिर दर्द की शिकायत रहती थी। इन्हीं दिनों रामजीराव की बदली गोरेगाँव हो गई थी। वह अकेले ही गोरेगाँव चले गए, परिवार पीछे ही रह गया था। भीमाबाई की तबियत धीरे–धीरे और बिगड़ती चली गई। रामजीराव को इसकी सूचना दी गई, वह फौरन दौड़े चले आए। किन्तु फिर कोई दवा काम न आई। आखिर 1896 में जब भीमराव केवल पाँच वर्ष के ही थे। उनके सिर से माँ का साया उठ गया।

रामजीराव का पुनर्विवाह व भीम का सौतेली माँ से बर्ताव

रामजीराव इस मार से अत्यधिक दु:खी हो गए थे। मीराबाई अब परिवार की देखभाल कर रही थीं किन्तु परिवार का बोझ उन पर

अत्यधिक बढ़ता देखकर रामजीराव ने कुछ समय बाद दूसरा विवाह करने की सोची और जीजाबाई नाम की एक विधवा से पुनर्विवाह कर लिया। भीमराव अपनी सौतेली माँ को पसन्द नहीं करते थे। उन्हें पसन्द नहीं था कि वह उनकी माँ के गहने पहना करें। अतः उनसे लड़ते–झगड़ते रहते थे।

भीमराव के स्कूल के दिनों की घटनाएं और उनका जीवन पर प्रभाव

भीमराव पढ़ने में होशियार थे। स्कूली किताबों के अलावा अन्य पुस्तकें पढ़ने का भी उन्हें अत्यन्त शौक था। वह स्वभाव से भी अत्यन्त दृढ़ निश्चयी थे, जो ठान लेते थे। उसे पूरा भी करते थे।

सातारा की छावनी में दोनों भाई शिक्षा ले रहे थे। एक दिन बारिश जोरों से पड़ रही थी। छाता एक ही था। उसे बड़ा भाई ले गया। पीछे भीमराव बारिश के पानी में तरबतर स्कूल पहुँचे तो पेंडसे नामक अध्यापक जो कि ब्राह्मण थे, पूछा – 'अरे, भीम तुम तो पूरी तरह भीगे हो, छाता क्यों नहीं लाए?'

भीम ने उत्तर बनाया, 'क्या करता मास्टरजी, छाता एक ही था और बारिश तेज। एक को तो भीगना ही पड़ता।'

मास्टर भीम से अत्यन्त प्रभावित थे। बच्चा बीमार न पड़ जाए। इसलिए उसे लेकर अपने घर चले गए। उसे नहाने का गर्म पानी दिया और भीगे कपड़े सुखाने के लिए डलवा दिए तथा भीम को पहनने के लिए एक लंगोट भी दे दिया। उसके बाद कक्षा में भी मास्टर ने उसे लंगोट पहने हुए बिठा दिया जिससे अन्य छात्र उस पर इतना हँसे कि उनकी आँखों में आँसू उतर आए थे। किन्तु ब्राह्मण अध्यापक की एक दलित छात्र के प्रति सहानुभूति इस बात का मानों सन्देश थी कि वह एक अछूत छात्र के भीतर भविष्य के प्रति असीम प्रतिभा को विकसित होने की संभावना को देख रहे थे। भीम उनके प्रेम के प्रति नतमस्तक होते हुए सदा आभारी रहे।

एक दूसरे ब्राह्मण अध्यापक जिनका उपनाम 'अम्बेडकर' था। भीम के जीवन में एक प्रेरक प्रसंग की तरह आए। भीम का स्कूल घर से दूर होने की वजह से रोज आधी–छुट्टी के समय घर जाते देख उन्हें

कुछ बात खटकती थी। वह आधी छुट्टी के समय घर न जाया करें। इसके लिए उन्होंने यह प्रयत्न किया कि अपने लिए वह जो खाना लाया करते थे। उसमें से साग–रोटी भीम के लिए भी रख लेते थे। चूंकि, अध्यापक ब्राह्मण थे, इसलिए मिश्रित व्यवहार भी अपनाते थे। जब वह बालक भीम को रोटी–साग देते तो दलित छू न जाए इसलिए दूर से ही उसके हाथ में रोटी–सब्जी डाल दिया करते थे। किन्तु मूल में एक ब्राह्मण अध्यापक का एक दलित छात्र के प्रति प्रेम असामान्य प्यार की झलक थी।

यही नहीं, उन्हीं अध्यापक ने एक दिन भीम के उपनाम 'आंबावडेकर' के दुरूह उच्चारण को लेकर अरुचि जतलाई। इस दुरूह नाम को वह बदल देना चाहते थे। इसलिए उन्होंने भीम को कहा, 'भीम, तुम आगे से अपना नाम 'अम्बेडकर' कहा करो।

भीम ने सवाल किया, 'क्यों मास्टरजी?'

–'इसलिए, क्योंकि 'बांबावडेकर' बोलने में कठिन प्रतीत होता है। मेरा नाम भी तो 'अम्बेडकर' है। बोलने में सरल, आज से तुम्हारा नाम स्कूल–रजिस्टर में भी यही चढ़ा देता हूँ।'

–'ठीक है मास्टर जी।'

उस दिन जैसे एक ब्राह्मण अध्यापक ने एक छात्र को वैसा ही नाम दिया जैसे एक पिता एक पुत्र को अपना नाम देता है। वह नाम जिसकी वह आंकाक्षा रखता है कि बेटा, बाप के नाम को रोशन करेगा। सचमुच यह एक बेहद दिलचस्प प्रसंग था। भविष्य में 'अम्बेडकर' एक सुनहरे अक्षर की तरह जगमगाता नाम बनकर उभरा।

भीम को स्कूल में व स्कूल से बाहर के कुछ कड़वे अनुभव

दलित वर्ग की वजह से भीमराव को कक्षा में सबसे अलग बैठना पड़ता था। यही नहीं अपने बैठने का आसन भी वह अपने घर से लेकर स्कूल जाया करते थे। उन्हें स्कूल में प्यास लगती तो पानी पीना भी मयस्सर नहीं होता था। पानी पीने की इच्छा जताने पर कोई सवर्ण छात्र दूर से उनकी हथेली में पानी डालता जिसे अंजुलि में भरकर वह पी लेते थे।

छोटे भीम को अपनी जाति के प्रति कड़वे अनुभवों से जूझना पड़ रहा था। जो उस समय उनकी बुद्धि से बाहर था कि लोग उनके साथ ऐसा बर्ताव क्यों करते हैं। ऐसा ही एक कड़वा अनुभव उन्हें तब मिला। जब उनके पिता गोरेगाँव में नौकरी कर रहे थे और वह सातारा में पढ़ रहे थे। उन्होंने पिता को पत्र लिखा कि वे लोग उनसे मिलने आ रहे हैं। इस तरह दोनों भाई और एक भांजा उनसे मिलने के लिए सातारा से रेल में सफर करके मसूर स्टेशन पहुँचे। स्टेशन पहुँचकर वह अपने पिता का इन्तजार करने लगे किन्तु न तो उनके पिता आए और न ही उन्होंने उन्हें लेने के लिए किसी को भेजा। असल में हुआ कुछ ऐसा कि एक नौकर की वजह से उनका पत्र उनके पिता के पास पहुँचा ही नहीं था।

किसी को न आते देख बच्चों ने स्वयं ही गोरेगाँव पहुँचने के लिए कमर कस ली। उन्होंने स्टेशन मास्टर से अपनी विपदा कह सुनायी। स्टेशन मास्टर को उन पर दया आ गई। किन्तु कोई बैलगाड़ी वाला महर जाति के बच्चों को अपनी गाड़ी में ले जाने के लिए तैयार नहीं हुआ।

आखिरकार, एक गाड़ीवान दुगने किराये पर ही उनको ले चलने को तैयार हुआ। वह भी इस शर्त पर की छुआछूत की वजह से वह पैदल चलेगा और बच्चों में से किसी को गाड़ी हांकनी पड़ेगी। तब आनन्दराव ने गाड़ी को हांका और इस तरह उन्होंने दो घण्टे सफर सुबह की बजाय शाम को खत्म हुआ। भूख तो उन्होंने साथ में लायी रोटी से पूरी कर ली थी। किन्तु महर जाति का होने की वजह से कहीं उन्हें पानी पीना भी नसीब नहीं हुआ। गाड़ीवान ने असमर्थता दिखाते हुए उन्हें एक गड्ढा दिखला दिया, जहाँ से वह पानी पी सकें।

छोटी आयु का भीम समाज की उस व्यवस्था से धीरे–धीरे परिचित होने लगा, जहाँ लोग उन्हें अछूत समझकर अपने छुए जाने से भी डरते थे।

ऐसा ही एक नजारा भीम को सातारा में भी हुआ जहाँ प्यास लगने पर उसने सुविधा के लिए लगाए गए एक पेयजल से पानी पीने की हिमाकत कर डाली थी। फिर क्या था कि वहाँ पहचाने जाने पर कई

लोगों ने उन्हें पीट डाला था। इस तरह की घटनाओं से नन्हें भीम के आत्मसम्मान को चोट पहुँचती जा रही थी। इस तरह धीरे–धीरे उनके भीतर स्वाभिमान की धारा पुष्ट हो रही थी। यही कारण था जिसकी वजह से वह समाज में फैल रहे अन्याय के खिलाफ आवाज उठाने को खड़े हुए।

अछूत होने की वजह से खेल के शौकीन भीम को स्कूल में हो रहे खेलों में भाग लेने का अधिकार प्राप्त नहीं था। यहां तक की नाई भी महार जाति के बालकों के बाल काटने से इन्कार कर देते थे। मजबूरन भीम की बहनों को ही आनन्दराव व भीमराव के सिर के बाल काटने पड़ते थे।

स्वाभिमानी भीम को समाज में निरन्तर तिरस्कार के घूंट पीने पड़ रहे थे।

स्वावलम्बी बनने की इच्छा

अपने परिवार की आर्थिक परेशानियों को भांपते हुए भीम की इच्छा अपने पैरों पर खड़े होने की हो रही थी। स्वावलम्बन की भावना लिए वह स्टेशन पर छोटे–मोटे काम भी करने लगे थे। उनके मन में हत यह इच्छा भी पनपने लगी कि छोटा–मोटा काम करने की बजाय मुंबई में पहुँचकर मिल–मज़दूर बना जाए। किन्तु वहाँ पहुँचने तक किराये लायक पैसा उनके पास नहीं था। इसके लिए पैसा जुटाने का ख्याल उनके मन में आया कि बुआ की थैली में से रुपये चुरा लिए जाएं। जब दो–तीन दिन की कोशिश के बाद उन्होंने थैली चुरा ही ली तो पाया कि थैली में केवल आधा–आना ही था। इतने पैसे से कुछ होने वाला नहीं था। उल्टे भीम के मन में चोरी किए जाने की हीन–भावना उठी और उन्होंने मुंबई जाने की इच्छा त्यागकर मन में इरादा किया कि वह पूर्ण मनोयोग से पढ़ाई में ध्यान देंगे और भविष्य में उच्च प्रतिष्ठा को प्राप्त करेंगे।

ऐंलिफिन्सटन स्कूल में दाखिला

जैसा कि भीम का शौक था कि वह स्कूल में पढ़ाई जाने वाली

पुस्तकों के अलावा अन्य पुस्तकों को भी काफी रुचि से पढ़ा करते थे। उनकी इस रुचि को अध्यापक भी जानने लगे थे और रामजीराव भी यह भली–भांति जानते थे। इसी इच्छा को देखते हुए रामजी अपने परिवार को सातारा से मुंबई ले आए। यहाँ वे एक गरीबों की बस्ती डबक चाल में रहने लगे। एक कमरे के मकान में पूरा परिवार गुजारा करने लगा था। किन्तु रामजी ने दोनों बच्चों को मुंबई के जाने–माने स्कूल ऐलिफिन्सटन में दाखिला दिला दिया।

मुंबई के नए माहौल में भीम को आजादी का नया अुनभव भी होने लगा। यहाँ उन्होंने अपने नेतृत्व में क्रिकेट की टीम बनायी और दूसरी टीमों के साथ मैच भी खेलने लगे। खेल–खेल में कभी लड़ाई भी हो जाती तो भीम अपने प्रतिद्धन्दियों से उलझ भी जाते थे और मजबूत शरीर होने की वजह से अपने विपक्षियों के ऊपर भारी भी पड़ते थे।

पुस्तक–संग्रह करने का जुनून

भीम को जैसे खेल–कूद का शौक था। उसी भांति उन्हें पढ़ने का चस्का भी किसी मायने में कम नहीं था। स्कूली किताबों के अलावा अन्यान्तर पुस्तकें पढ़ने के कारण उनके ज्ञान में अभूतपूर्व वृद्धि होती जा रही थी। जिससे उनमें तर्क करने की शक्ति में भी इजाफा होने लगा था। पुस्तकों का शौक रखने के कारण उनके मन में रहता था कि वह किताबों का संकलन करके उन्हें अपने पास रख सकें। जिससे कि जब भी मन हुआ करे वह उसे तुरन्त निकालकर पढ़ सकें। भीम का यह शौक रामजी को आर्थिक रूप से बहुत मंहगा पड़ता था। किन्तु वह अपने पुत्रों की इस मांग को ठुकराते नहीं थे बल्कि किसी न किसी तरह करके उसकी मनचाही पुस्तक को लाकर दे देते थे।

कभी–कभी तो रामजी अपनी दो बेटियाँ जो शादी के बाद मुंबई में ही रहती थी। उनके घर चले जाते और उनसे दो–चार रुपया जो कम पड़ता मांग लाते थे। यदि उनके पास पैसा न मिलता तो उनके गहने तक मांग लेते और उन्हें गिरवी रखवाकर भीम की मनपसन्द पुस्तक खरीद लेते। जब उन्हें पेंशन का पैसा मिल जाता तो गहना छुड़वाकर बेटी को लौटा आते। इस तरह वह किसी न किसी तरह

काम चलाकर बेटे की इच्छा की पूर्ति करते रहते। इससे भीमराव के पास भी किताबों का अच्छा–खासा संग्रह हो गया था।

ऐंलिफिन्सन स्कूल में भी अपमान का दौर

मुंबई के ऐलिफिन्सन हाई, सरकारी स्कूल में भी कई बार भीम को जातिगत सम्बोधन को सुनकर अपमानित होना पड़ा था। एक कक्षा में एक अध्यापक ने भीम को बोर्ड में लिखे सवाल को हल करने के लिए क्या बुलाया। कई छात्र हो–हल्ला मचाने लगे कि भीम के बोर्ड के पास पहुँचते ही उनका धर्म खराब हो जायेगा। उसका कारण इतना था कि बोर्ड जिस तख्त पर रखा गया था। उस बोर्ड के पीछे तख्त में कई छात्रों के टिफिन रखे हुए थे। छुआछूत न हो जाए इसलिए छात्रों ने भीम को बोर्ड के पास पहुँचने से पहले ही रोक लिया जिससे वे अपने टिफिन हटा सके। जब सारे टिफिन हट गए तब जाकर भीम ने बोर्ड पर लिखा सवाल हल किया। किन्तु उस घटना ने भीम के मन में कई सवाल खड़े कर दिए थे कि उसके द्वारा बोर्ड को छूने भर से कैसे किसी का खाना खराब हो सकता है?

सवाल यहीं तक सीमित रहता तो भीम अपने मन को किसी तरह समझा भी लेते कि उसके साथी किसी भावावेश में या आवेश में ऐसी–वैसी बातें कह गए होंगे। किन्तु जब एक प्रबुद्ध किस्म का अध्यापक भी कुछ ऐसी ही बात करने लग जाए तो मन में समाज के द्वारा अपने प्रति उत्पन्न होती घृणा कई सवाल ही खड़े नहीं कर देती अपितु मन में आक्रोश भी उत्पन्न करने लगता है। जब एक शिक्षक ने भीम से सवाल किया कि 'भीम तुम पढ़–लिखकर क्या करोगे? तुम तो महार जाति के हो। तुम्हारा पढ़ना–लिखना तो व्यर्थ ही जायेगा।'

भीम के मन में आक्रोश फूट पड़ा,'श्रीमान, आपका फर्ज छात्रों को ज्ञान देना है न कि यह चिन्ता करना कि मैं महार जाति का होकर क्यों पढ़–लिख रहा हूँ?'

निडर बालक के मुँह से स्पष्ट वक्तव्य सुनकर अध्यापक भी सकपकाकर रह गया था। इस तरह अनाप–शनाप व्यंग्य बातों को सहते हुए भीमराव दिल में विद्रोह का आग़ाज लिए अपने पढ़ने की

बलवती इच्छा को पूरा करने में जूटे रहे।

संस्कृत न पढ़ पाने का मलाल

यह एक तरह से विडम्बना ही कही जायेगी कि आनन्दराव व भीमराव दोनों ही द्वितीय भाषा के रूप में संस्कृत पढ़ना चाहते थे। किन्तु उनकी इस मंशा को पानी सिर्फ इसलिए फिर गया कि संस्कृत के अध्यापक ने उन्हें संस्कृत पढ़ाने से यह कहकर इन्कार कर दिया कि वे अछूत बालकों को संस्कृत नहीं पढ़ायेंगे। दोनों भाई मन–मसोसकर रह गए। तब द्वितीय भाषा के रूप में उन्हें संस्कृत की बजाय फारसी विषय का चुनाव करना पड़ा था। किन्तु भीमराव ने अपनी दिलचस्पी को सत्त् बनाए रखी और आगे चलकर स्वाध्याय से संस्कृत का ज्ञान अर्जित किया जितना वह अपने आप से कोशिश करके कर सकते थे। किन्तु अपनी पीड़ा को आगे चलकर उन्होंने इस तरह व्यक्त किया, 'मुझे संस्कृत भाषा पर अत्यंत अभिमान है और मैं चाहता था कि संस्कृत का अच्छा विद्वान बनूं, परन्तु ब्राह्मण अध्यापक के संकुचित दृष्टिकोण से मुझे संस्कृत भाषा से वंचित रह जाना पड़ा।'

श्री कृष्णाजी केलुस्कर द्वारा हौंसला अफजाई

भीमराव जिस घर में रहते थे। वह इतना छोटा था कि पढ़ने–लिखने की तो बात क्या? आराम से परिवार के लोग मिल–जुलकर बैठ भी नहीं सकते थे। पुत्र की पढ़ाई के लिए फिक्रमंद रामजीराव ने एक तरीका अख्तियार किया हुआ था कि वह स्वयं रात के दो बजे तक जागते थे और भीम को नौ बजे सो जाने देते और दो बजते ही उसे पढ़ने के लिए उठा देते थे। तब स्वयं सो जाते थे। बालक भीम लैम्प की हल्की रोशनी में भी लगन से पढ़ते तो कभी बैचेनी भी महसूस किया करते थे।

भीम को जैसा कि बाहरी किताबें पढ़ने का भी काफी हद तक शौक था। पठन–पाठन वह सही ढ़ग से कर सके। इसके लिए वह स्कूल से छुट्टी होने के बाद चर्नी रोड गार्डन में नियमित पढ़ने के लिए जाया करते थे। उसी पार्क में नियमानुसार सिटी हाई स्कूल के प्रधानाचार्य

श्री कृष्णाजी केलुस्कर भी निश्चित जगह पर बैठकर अध्ययन किया करते थे। वह अपनी तरह प्रतिदिन एक बालक को पुस्तकाध्ययन करते देखते तो अपने को रोक नहीं पाए। पूछने पर भीम ने अपनी जाति से लेकर अपनी हाल–परेशानी भी बंया कर दी। सुनकर श्री केलुस्कर जी आश्चर्यचकित हुए और भीम की प्रशंसा करते हुए उसे पढ़ने को अच्छी व ज्ञानवर्धक पुस्तकें देने लगे। भविष्य में श्री केलुस्कर जी भीम की उन्नति मार्ग के प्रति सहायक भी सिद्ध हुए।

आनन्दराव को शिक्षा छोड़नी पड़ी

रामजीराव अब तक परिवार का खर्चा उठाते–उठाते विवश भी हो चुके थे। जैसी नौकरी मिलनी चाहिए थी। वैसी नौकरी न मिल पाने के कारण पेंशन के खाली पचास रुपये में दोनों बच्चों की पढ़ाई और अन्य खर्च उठा पाना मुश्किल होता जा रहा था। अतः पिता ने बड़े बेटे और भीम के बड़े भाई आनन्दराव को जी.आई.पी. की वर्कशाप में रोजगार दिलवा दिया था। घर में थोड़े अतिरिक्त पैसे आ जाने से घर की दशा में कुछ सुधार होने लगा था। इस तरह दोनों अब भीम की आगे की शिक्षा के भार का खर्चा वहन करने लगे थे। थोड़े ही दिनों बाद आनन्दराव घर–गृहस्थी में भी बंध गए थे।

मैट्रिक पास भीमराव का अभिनन्दन समारोह

सन् 1907 में भीमराव ने मैट्रिक की परीक्षा उत्तीर्ण की तो रामजीराव का सीना गर्व से फूल गया। उस जमाने में एक अछूत बिरादरी से सम्बन्ध रखने वाले किसी लड़के का मैट्रिक पास हो जाना एक अभूतपूर्व घटना थी। भीमराव ने 750 अंकों में से 282 अंक प्राप्त करके अपने माँ–पिता का नाम रोशन कर दिया था। उनकी इस उपलब्धि पर कुछ लोगों ने भीमराव का अभिनन्दन करने के लिए समारोह का आयोजन भी किया। समारोहकर्त्ता में प्रसिद्ध समाज–सुधारक श्री रावबहादुर सीताराम केशव ने समारोह का संचालन किया। समारोह में वक्ता के रूप श्री कृष्णाजी केलुस्कर भी उपस्थित हुए। उन्होंने भीमराव की जमकर तारीफ करते हुए कहा कि भीमराव को आगे पढ़ते हुए उच्च शिक्षा हासिल करनी चाहिए। इस मौके पर उन्होंने अपनी लिखी पुस्तक 'बुद्ध चरित्र' भीमराव

को भेंटस्वरूप में दी थी। भीमराव अपने सम्मान में हुए समारोह पर भावविभोर व आश्चर्यचकित थे।

समारोह के चलते श्री केलुस्कर जी ने रामजी से भी कहा कि वह अपने होनहार पुत्र के आगे की पढ़ाई के प्रति भी सजग रहें और उनसे भी जो कुछ मदद बन पड़ेगी, वह भी करेंगे।

भीमराव के विवाह पर रामजीराव पर जुर्माना

आनन्दराव के विवाह के बाद रामजीराव, भीमराव के लिए भी योग्य वधू की तलाश में लग गए थे। उनके लिए उन्होंने एक लड़की पंसद करके बात भी पक्की कर ली थी। किन्तु अकस्मात् उन्हें दापोली की एक अनाथ लड़की रामीबाई जो स्वर्गीय भिकु वलांगकर की पुत्री थी, को अपने लड़के के लिए पसन्द कर लिया था। अपनी पसन्द बदल जाने से जब उन्होंने पहली वाली लड़की के पिता को इन्कार किया तो उस पिता ने मान–हानि का मामला उठाते हुए पंचायत में मामला हल करने के लिए उछाल दिया। तब पंचायत ने रामजीराव पर पाँच रुपया जुर्माना लगा दिया था। जिसे उन्होंने खुशी से कुबूल लिया और नौ साल की रामीबाई जो सुन्दर और शान्तचित्त स्वभाव की लड़की थी, अपने घर की बहू बना लिया। यह विवाह भायखला मार्केट के खुले शेड में सम्पन्न हुआ। विवाह के बाद बहू का नाम बदलकर रमाबाई हो गया था। रमाबाई दो बहनें और एक छोटा भाई शंकर थे। जो अपने मामा के पास मुंबई में ही रहते थे।

इण्टरमीडिएट की परीक्षा में भी पास हुए

देश में सामाजिक सुधार की योजनाएं भी सरकार व गैर सरकारी योजनाएं लोगों द्वारा हो रही थी। मैट्रिक पास करने के बाद भीम ने ऐलिफिन्स्सन कॉलेज में आगे की पढ़ाई के लिए दाखिला तो ले लिया था किन्तु बीमार पड़ने के कारण उनका एक साल बरबाद भी हो गया था। आखिरकार भीमराव ने इण्टर की परीक्षा पास कर ली तो उनके पिता के माथे पर बल भी पड़ गए कि आगे की पढ़ाई कैसे जारी रखी जा सके? जबकि उनकी दिली इच्छा थी कि कैसे भी करके भीम बी.ए. भी कर ले।

छात्रवृत्ति

रामजीराव दुश्चिन्ता में फंस गए कि भीम की बी.ए. की पढ़ाई किस तरह करवायी जा सके किन्तु श्री केलुस्कर जी ने अपनी बात पक्की रखी और सहायता के लिए आगे आए। उन दिनों बड़ौदा के राजा ने प्रतिभावान अछूत छात्रों के लिए सहायता देने की घोषणा की थी। श्री केलुस्कर जी भीम को लेकर महाराज से मिलने की इच्छा में उनके दरबार में हाजिर हुए और उनकी घोषणा का हवाला देते हुए प्रतिभावान भीमराव को उनसे मिलवाया। महाराज ने भीम से कुछ बातें कीं और उससे प्रभावित होकर 25 रुपये मासिक छात्रवृत्ति देने की अपनी घोषणा पर अमल किया। इस तरह भीमराव अपनी बी.ए. की पढ़ाई में जी–जान से जुट गए।

मज़दूर कॉलोनी से इम्प्रूवमेंट ट्रस्ट में घर बदली किया

रामजीराव ने अब डबक चाल का एकमात्र कमरा छोड़कर परेल स्थित इम्प्रोवमेंट ट्रस्ट, चाल नम्बर 1 पर दूसरी मंजिल के दो कमरे 50 और 51 नम्बर ले लिए। यहाँ भी रामजीराव सैनिक अनुशासन के तहत अनुशासन रखते और भीम की पढ़ाई के प्रति कोताही न रखते थे। भीमराव ने भी अपनी अंग्रेजी भाषा के प्रभुत्त्व पर खुलासा इस प्रकार किया है –'मैं अंग्रेजी अच्छी तरह से लिखता–बोलता हूँ, ऐस समझा जाता है। परन्तु मेरे पिता ने मुझे शब्दों का समुचित प्रयोग करना जैसे सिखाया, वैसे किसी भी अध्यापक ने नहीं सिखाया।'

कॉलेज में भी भेदभाव के शिकार

भीमराव समझते थे कि कॉलेज का परिवेश कदाचित स्कूली परिवेश से अलग होगा। यहाँ के वातावरण में वह बात न होगी जो अब तक वह झेलते आए थे। किन्तु यह एक कड़वा सच ही था कि कॉलेज के होटल वाले ब्राह्मण ने उसको चाय–पानी देने से इन्कार कर दिया था। विद्यार्थी और कुछ प्रोफेसर छुआछूत की भावना रखते हुए उनसे दूरी ही बनाकर रखते थे। किन्तु अंग्रेजी के प्रोफेसर म्युल्लर उनसे सहानुभूति रखते थे और भीमराव को कपड़े इत्यादि देकर सहायता भी करते थे।

इसी तरह फारसी के प्रोफेसर के.बी. इराणी भी भीमराव की पढ़ाई इत्यादि में यदा–कदा सहायता प्रदान करते रहते थे।

छात्रों में राजनैतिक–सामाजिक चेतना

यह वह समय था जब स्कूलों–कॉलेजो में छात्रों की अंग्रेजों के विरुद्ध राजनैतिक व सामाजिक चेतना जागृत होते हुए भड़क रही थी। देश में कई क्रान्तिकारी घटनाएं घटती जा रही थीं। नवयुवकों का जोश उन्हें प्रेरित कर रहा था कि वह उस बगावत में जोश–खरोश से हिस्सा ले सकें। इसके लिए कई नौजवान पढ़ाई छोड़ सामने भी आते जा रहे थे। कई छात्रों को स्वतन्त्रता की लड़ाई में भाग लेने या षड्यन्त्र का हिस्सा बनते देख उन्हें गिरफ्तार भी किया जाने लगा था। भीमराव इससे अवगत थे और बदलती हुई सामयिक घटनाओं पर गहरी नजर भी गड़ाए हुए थे किन्तु वह इसमें शामिल होने की बजाय अपनी पढ़ाई पूरी कर लेना चाहते थे।

बी.ए. भीमराव का बड़ौदा महाराज की सेवा में नौकरी करना

1912 में बी.ए. की परीक्षा भीमराव ने तृतीय श्रेणी से पास कर ली थी। रामजीराव ने इस मौके पर खुशी से मिठाई बांटी। भीमराव की इच्छा तो वैसे आगे पढ़ने की थी किन्तु आर्थिक स्थिति को देखते हुए यह संभव न था। पिता चाहते थे कि पुत्र मुंबई में रहकर ही नौकरी करे, परन्तु भीमराव ने बड़ौदा महाराज की सेवा में जाना बेहतर समझा ताकि उनके *ऋण से उऋण* हो सकें। इस भावना से उन्होंने बडौदा महाराज के अन्तर्गत नौकरी कर ली। यहाँ उन्हें 'बड़ौदा स्टेट फ़ोर्सेज' में लेफ्टीनेन्ट का पद दिया गया किन्तु राजा की तरफ से उनके निवास–स्थान और खाने–पीने की कुछ भी व्यवस्था नहीं की गई थी। जिससे उन्हें काफी परेशानी भी उठानी पड़ी।

भीमराव को पितृत्व शोक

भीमराव को बड़ौदा महाराज की सेवा में आए हुए पन्द्रह दिन ही हुए थे कि मुंबई से तार मिला कि उनके पिता की हालत चिन्ताजनक

है। तार पाते ही वह आठ दिन की छुट्टी ले वापस रवाना हो गए। बड़ौदा से मुंबई लौटते हुए वह रास्ते में सूरत के पास स्टेशन पर कुछ मिठाई खरीदने के लिए ट्रेन से उतरे ही थे कि समय का भान न रख सके और छोटी–सी भूल के कारण उनके हाथ से गाड़ी निकल गई। जिसका अफ़सोस उन्हें उम्र भर होता रहा। गाड़ी छूट जाने के कारण वह दूसरी गाड़ी से अगले दिन मुंबई पहुँचे। तब तक रामजीराव अन्तिम साँसें गिनते हुए जैसे उन्हीं की राह देखते हुए प्राण रोके हुए थे। जैसे ही रामजीराव ने ममता से अपना हाथ आशीर्वाद देने के लिए भीमराव के सिर पर रखा वैसे ही उनके प्राण भी निकल गए। 2 फरवरी, 1913 को रामजीराव ने अपना नश्वर शरीर त्याग दिया था। एक ऐसे कर्मठ पिता जिन्होंने भीमराव की शिक्षा के लिए अनेक कष्ट व कठिनाइयां उठायीं थीं। यह सब याद करते ही पुत्र अपने पिता की याद में फफक–फफक कर रो पड़ा।

उच्च शिक्षा हेतु विदेश–प्रवास

तीन साल की छात्रवृत्ति और दस साल का इकरारनामा

उन दिनों बड़ौदा महाराज सयाजीराव गायकवाड़ ने उच्च शिक्षा के लिए कुछ प्रतिभा सम्पन्न छात्रों को अमेरिका भेजने का निर्णय कर एक विज्ञापन निकलवाया। भीमराव जब पिता की मृत्यु के बाद वापस लौटे और अपनी वह विपदा कह सुनायी जिसमे उन्हें बड़ौदा राज्य में रहते हुए कई कठिनाइयों का सामना करना पड़ रहा था। महाराज ने उनकी शिकायत अनसुनी करते हुए बतलाया कि वह उन्हें उच्चशिक्षा के लिए अमेरिका भेजना चाहते हैं।

भीमराव ने सहर्ष स्वीकृति भरते हुए बड़ौदा स्टेट के उस विज्ञापन के नियम–अनुबन्ध पर सहर्ष हस्ताक्षर कर दिए। जिसमें कहा गया था कि 'विदेश में निर्धारित शिक्षा प्राप्त करने के बाद दस वर्ष तक बड़ौदा राज्य की सेवा करनी होगी।'

भीम की अर्जी स्वीकृत हो गई। उन्हें साढ़े ग्यारह पौण्ड मासिक छात्रवृत्ति जो 15 जून, 1913 से लेकर 14 जून, 1916 तक के लिए स्वीकृत हुई थी। उन्होंने राजा के प्रति कृतज्ञता प्रकट की और जुलाई

के तृतीय सप्ताह में वह अमेरिका के लिए एस.एस. अकोना जहाज से रवाना हो गए।

नया क्षितिज, नये अनुभव

21 जुलाई, 1913 को भीमराव न्यूयार्क पहुँचे। वहाँ कोलम्बिया यूनिवर्सिटी में भर्ती होकर एक सप्ताह तक न्यूयार्क हार्टले हॉल में रहने के बाद कास्मोपोलिटन क्लब जो 554 वेस्ट, 114 स्ट्रीट में स्थित था, जाकर रहने लगे। यहाँ अस्पृश्यता के अभिशाप से दूर उस सम–धरातल पर खड़े थे। जहाँ वह पढ़ने–लिखने, घूमने–फिरने के लिए स्वतन्त्र थे। यहाँ छुआछूत नहीं थी। यहाँ सबके बीच बैठकर वह खाना खा सकते थे। उन्होंने जान लिया कि जन्म का कर्म से कोई ताल्लुक नहीं है। क्या स्त्री और क्या पुरुष दोनों के लिए शिक्षा बहुत जरूरी है। उस खुले वातावरण ने उनके भीतर आत्मसम्मान, कर्म और स्वावलम्बी जीवन जीने की प्रेरणा को भर दिया था। अपने को एक नए व्यक्तित्त्व में ढालने का वह प्रयत्न करने लगे।

शिक्षा पर ज़ोर

भीमराव एम.ए. अर्थशास्त्र प्रमुख विषय लेकर व सहायक विषयों में मानवशास्त्र, राज्यशास्त्र, समाजशास्त्र और तत्त्वज्ञान विषय लेकर अपनी पढ़ाई के प्रति गम्भीरता से एकाग्रचित्त हो गए थे। न्यूयार्क शहर के खुले वातावरण से वह प्रभावित जरूर थे किन्तु उसकी चमक–दमक और चहल–पहल के प्रति उनका कोई रूझान नहीं था। उनका उद्‌देश्य सिर्फ अपनी पढ़ाई और सिर्फ अपनी पढ़ाई थी। वह अपनी एम.ए. की उपाधि प्राप्त कर लेना चाहते थे। भीमराव पढ़ते हुए अपने विषयों के भीतर गहराई तक डूब जाते और प्रत्येक विषय की टिप्पणियां जरूर लिखते। प्रोफेसर सेलिग्मन उनके अर्थशास्त्र के अध्यापक थे। वह भीमराव की प्रतिभा व मेहनत के कायल हो गए थे। भीमराव को जब भी फुर्सत मिलती, अलग–अलग पुस्तकालयों में हाजिरी लगाते रहते और अपने ज्ञान–पिपासा को भरने की कोशिश करते रहते।

किताबों का संग्रह करने का जतन

भीमराव अपव्ययी तो बिल्कुल न थे कि खाने–पीने या फिर घूमने–फिरने इत्यादि के शौक में अपना पैसा फूंकते। उनका तो एक ही शौक था, वह था अपनी पसन्द की पुस्तकों को खरीदकर संग्रह करने का, जिससे अपने ज्ञान की प्यास को जब–तब मौका मिलते जाने पर शान्त करते रहे किन्तु इस शौक को पूरा करने के लिए उनके पास पर्याप्त पैसा बचता ही कहाँ था। फिर भी वह दुर्लभ पुराने ग्रंथों को खरीदने के लिए पुरानी पुस्तकों की दुकान में जाते और पुस्तकें खरीदने का अपना शौक पूरा करते।

1914 में लाला लाजपतराय से मुलाकात

सन् 1914 में लाला लाजपतराय अमरीका गए। यहाँ उन्होंने 'इण्डियन होमरूल लीग आफ अमरीका' नामक संस्था भारत के राष्ट्रीय आन्दोलन का प्रचार करने के उद्‌देश्य से की थी। संयोग से लाला लाजपतराय और प्रोफेसर सेलिग्मन मित्र थे। प्रोफेसर सेलिग्मन ने अपने भारतीय होनहार छात्र से लाला लाजपतराय को मिलवाते हुए कहा, 'यह छात्र यहाँ भारतीयों में ही नहीं बल्कि अमरीकन विद्यार्थियों में भी काबिल है।'

लाला लाजपतराय भी भीमराव से मिलकर अत्यन्त प्रभावित हुए और अपनी हार्दिक इच्छा व्यक्त की कि भीमराव भी उनकी संस्था की ओर से कुछ कार्य करते हुए अपना सहयोग प्रदान करें। भीमराव फिलहाल, विद्याध्ययन के प्रति ही समर्पित थे और उन्होंने उनकी संस्था के लिए कुछ भी कार्य करने से इन्कार कर दिया।

1915 में एम.ए. की डिग्री हासिल की

सन् 1915 में भीमराव ने 'एनसिएंट इंडियन कॉमर्स' नाम से शोध–प्रबन्ध लिखकर जमा किया। उसी प्रबन्ध पर उन्हें कोलम्बिया यूनिवर्सिटी से एम.ए. की डिग्री मिल गई। सन् 1916 में ही उन्होंने 'कास्ट्स इन इंडिया' नामक एक सशक्त निबन्ध विद्यार्थी–संघ के सामने पढ़ा। यहाँ उनके मौलिक विचारों की चर्चा ने उन्हें प्रभावी व्यक्तिव का बना दिया था।

एम.ए. की डिग्री के बाद उन्होंने पी.एच.डी. की डिग्री के लिए प्रयास शुरू कर दिया था। इसके लिए उन्होंने विषय का चुनाव किया था, 'नेशनल डिविडेण्ट ऑफ इंडिया – अहिस्टारिकल एण्ड अनालियासिकल स्ट्डी'। उनकी इस थीसिस को भी स्वीकृत किया गया और कोलम्बिया यूनीवर्सिटी से एम.फिल. की उपाधि प्रदान की गई। परन्तु इसमें कुछ औपचारिकताएं भी थीं कि विधिपूर्वक डिग्री प्राप्त करने के लिए प्रबंध को प्रकाशित करवा कर उसकी कुछ प्रतियां यूनीवर्सिटी में जमा करवाना भी आवश्यक होता है। परन्तु फिलहाल जितनी उन्हें सफलता मिली, उसके लिए उनके साथियों और प्रोफेसरों ने मिलकर उन्हें शानदार भोज दिया। बड़ौदा महाराज ने भी उनकी सफलता अर्जित करने के लिए बधाई तार द्वारा भिजवाई थी।

उनका यह शोध चर्चा का विषय तो बना ही किन्तु इसी शोध का 'बजट चैप्टर' एक अत्यन्त महत्त्वपूर्ण हिस्सा समझा गया। इसमें उन्होंने सिद्ध किया कि अंग्रेज उद्योगपतियों के हित के लिए ही ब्रिटिश सरकार सारी नीतियों का निर्माण करती है। इन तथ्यों के लिए भीमराव को 'रॉयल कमीशन ऑन इंडिया करेंसी' के सामने तथ्यों को प्रमाणित करने के लिए आमन्त्रित किया गया। इसमें सम्मिलित होना और कमीशन के सदस्यों से मिलना उनका एक तरह से सम्मान ही था।

लंदन के लिए रवाना

लंदन अन्तर्राष्ट्रीय अध्ययन के केन्द्र के लिए प्रसिद्ध था। भीमराव वहाँ जाकर अर्थशास्त्र की सर्वोच्च डिग्री लेना चाहते थे। बैरिस्टर बनने की तमन्ना भी वह पाले हुए थे। इस अवधि तक उनकी छात्रवृत्ति समाप्त हो गई थी। प्रोफेसर सेलिमग्न की सिफारिश लेते डॉ. भीमराव ने एक प्रार्थना–पत्र बड़ौदा महाराज को लिखा कि उनकी छात्रवृत्ति को एक साल के लिए बढ़ा दिया जाए किन्तु जब तक उन्हें पत्र का जवाब मिलता। जून, 1916 को वह लंदन चले गए। वह अपने साथ अपनी बेशकीमती किताबों के संग्रह को भी ले गये थे। जो लगभग दो हजार के आस पास थीं।

यह वह समय था। जब विदेशों में रहकर कुछ भारतीय अंग्रेजों के खिलाफ गदर युद्ध चला रहे थे। लंदन के खुफिया विभाग को

आशंका थी कि डॉ. अम्बेडकर 'इंडियन रेवोल्यूशनरी पार्टी' के सदस्य हैं। इसलिए लंदन पहुँचते ही खुफिया विभाग के अफसरों ने उनकी तलाशी ली किन्तु कुछ न मिलने पर उन्हें छोड़ दिया गया।

थीसिस अधूरी छोड़कर आना पड़ा

उन्होंने लंदन में अर्थशास्त्र के लिए 'लंदन स्कूल ऑफ इकोनॉमिक्स एण्ड पोलिटिकल साइन्स' के साथ–साथ कानून के अभ्यास के लिए 'ग्रेज इन' में अपना नाम दाखिल करवा दिया था। चूंकि, वह कोलम्बिया यूनिवर्सिटी की एम.ए. और पी–एच.डी. की डिग्रियां हासिल कर चुके थे, इसलिए लंदन स्कूल में उन्हें डी.एस.सी. के लिए कार्य करने की अनुमति मिल गई थी। वहाँ बड़ौदा महाराज ने एक साल की छात्रवृत्ति और बढ़ा दी थी। अब लंदन में वह अपने ज्ञान की पिपासा को बुझाने के लिए लंदन स्कूल और ब्रिटिश म्यूजियम के विशाल पुस्तकालयों में जाकर ग्रंथ पढ़ने और टिप्पणियां तैयार करने में जुट गए। धीरे–धीरे साल बीताते चला गया और वह शोध–प्रबन्ध लिखना चाहते ही थे कि बड़ौदा के दीवान का उन्हें संदेश भरा आदेश मिला कि वे भारत चले आएं। क्योंकि आगे की छात्रवृत्ति बढ़ाने से इन्कार कर दिया गया था। अधूरा कार्य छोड़कर आना उन्हें अच्छा नहीं लग रहा था किन्तु आना पड़ रहा था जब कि उनके प्रार्थना पत्र और लंदन स्कूल के प्रोफेसर एडविन केनन की सिफारिश पर उन्हें चार वर्ष का मौका दिया जा रहा था कि वह उस दौरान अपनी थिसिस पूरी कर सकते हैं। दरअसल, प्रोफेसर केनन अम्बेडकर के अर्थशास्त्र ज्ञान से अत्यन्त प्रभावित थे।

दुर्लभ ग्रन्थों का नष्ट होना

डॉ. अम्बेडकर ने अपने सामान का जिसमें उनके बेशकीमती ग्रंथ थे, का बीमा कराया और 'थामस बुक कंपनी' के अधिकार में सामान सौंपकर, एक अन्य जहाज पर सवार होकर चल दिए। उन दिनों विश्वयुद्ध चल रहा था। समुद्रों में जहाज के जहाज डुबा दिए जाते थे। अम्बेडकर के परिवार वाले जो सूचना मिलने पर इन्तजार कर रहे

थे अचानक अखबार की एक खबर पढ़कर परेशान हो गए कि हिन्दुस्तान आने वाला एक जहाज टार्पेडो से समुद्र में डूब गया है। यह वही जहाज था जिस पर डा. अम्बेडकर की दुर्लभ किताबें थीं, डूब जाने से समुद्र में समा गई थीं।

21 अगस्त, 1917 को डॉ. अम्बेडकर मुंबई लौट आए। परिवार वाले उन्हें सलामत देखकर अत्यन्त खुश थे। अब डॉ. अम्बेडकर को नौकरी के लिए बड़ौदा जाना था। उन्हें अपने बीमा कराए गए सामान का 600 रुपये हर्जाना भी कंपनी से मिल गया था किन्तु दुर्लभ किताबों के नष्ट हो जाने की पीड़ा उनके मन मे भीतर तक गहरी पैठ गई थी और हर्जाने का पैसा उनकी पीड़ा को किसी भी रूप में मरहम नहीं लगा सकता था पर किया भी क्या जा सकता था। अन्त में डॉ. अम्बेडकर सितम्बर, 1917 में बड़ौदा के लिए चल पड़े।

डॉ. अम्बेडकर का दृढ़ संकल्प

विदेश प्रवास से लौटने के बाद भारत का वातावरण बहुत बदल चुका था। बेसेन्ट होम रूल की संस्थापना कर चुकी थीं। कांग्रेस में उग्र दल खेमे का जबरदस्त प्रभाव था। उधर क्रान्तिकारी संगठन भी अंग्रेजों की नाक में दम किए हुए थे। ब्रिटिश सरकार ने देखते ही देखते अपना रूख कड़ा कर लिया था और हजारों लोगों की धर–पकड़ करके उन पर राजद्रोह के मुकदमे चलाए गए थे।

डॉ. अम्बेडकर के मन में भी क्रान्तिकारी भावनाएं उठ रही थीं। उनके मन में उस समय अछूतों के लिए अपार दर्द उठता था। वह उनके लिए कुछ करना चाहते थे। इसके लिए वह हिन्दू समाज में क्रान्तिकारी परिवर्तन लाना चाहते थे। किन्तु चाहकर भी इस समय वह कुछ नहीं कर सकते थे। क्योंकि वह बड़ौदा महाराज के अनुबन्ध के अनुसार दस वर्ष तक उनकी सेवा के लिए बंधे हुए थे। किन्तु उन्होंने हृदय में ही कहीं दृढ़ संकल्प ले लिया था कि भविष्य में वह अछूत वर्ग के उत्थान के कर्म क्षेत्र में जरूर उतरेंगे। यह कृत संकल्प लेते हुए वह सितम्बर के दूसरे हफ्ते तक बड़ौदा पहुँच गए थे।

अपमानों का सिलसिला शुरू

डॉ. अम्बेडकर जब स्टेशन पहुँचे तब उन्हें यकीन था कि महाराज की आज्ञा से कोई न कोई छोटा–मोटा कर्मचारी उन्हें लेने जरूर पहुँचेगा। किन्तु उनकी महार जाति अब भी आड़े आ रही थी। फलतः उन्हें लेने तो दूर उनके ठहरने के निवास–स्थान तक का कोई ठिकाना न था। किसी भी होटल या होस्टल में उन्हें कोई जगह नहीं मिली थी। अंत में मजबूर होकर उन्होंने ढोंग द्वारा अपने–आपको पारसी बतलाया। तब जाकर उन्हें एक पारसी होटल 'जहांगीर होटल' में रहने को जगह मिल पायी थी।

बड़े तो बड़े छोटों की भी हिकारत के शिकार

डॉ. अम्बेडकर को महाराज उनकी काबिलियत के हिसाब से वित्त मंत्री का कार्यभार सौंपना चाहते थे। किन्तु वित्त कार्य के प्रत्येक हिस्से के कार्य–प्रभार को समझ लेने तक, फिलहाल महाराज ने उन्हें मिलिटरी सचिव के पद पर नियुक्त कर दिया था। यह बात कई सवर्ण हिंदुओं को सहन नहीं हो रही थी कि एक अछूत को क्यों इतनी तवज्जो दी जा रही हैं। इसका प्रभाव यह पड़ा कि निम्न श्रेणी में कार्य करने वाले नौकर–चाकर भी डॉ. अम्बेडकर को उपेक्षा की दृष्टि से देखते हुए उनका तिरस्कार करने लगे। यहाँ तक कि चपरासी भी एक फाइल को उनके हाथों में अदब से पकड़वाने की बजाय दूर से ही उनकी मेज पर फेंक देते थे कि कहीं वह डॉ. साहब से छू न जाए। पानी पिलाना तो दूर की बात थी। महाराज से इस बात की शिकायत कर देने से भी सवर्णो के व्यवहार में कोई परिवर्तन नहीं आया था। असल में महाराज भी इस जाति–व्यवस्था को कठोरता से दबा पाने में असमर्थ हो रहे थे।

यहाँ उच्च पदाधिकारियों का एक अपना क्लब भी हुआ करता था। जिसमें सभी मिल–बैठकर खेल–कूद या खान–पान करते हुए मन बहलाया करते थे। डॉ. अम्बेडकर ने भी क्लब में हिस्सा लेने का प्रयत्न किया तो उन्हें सेक्रेट्रिएट के कई अधिकारियों ने अपने बीच शामिल करने से इन्कार कर दिया और ताना दिया कि वह केवल एक कोने

में बैठकर केवल उन्हें देखा करें। जबकि क्लब में मुस्लिम व पारसी लोग भी थे, जिनसे सवर्ण हिंदू किसी तरह का अस्पृश्य नहीं मानते थे। इस बात से अपमानित होकर डॉ. अम्बेडकर ने क्लब में आना–जाना ही छोड़ दिया।

डॉ. अम्बेडकर छोटी–मोटी पदवी में नहीं थे कि कोई उन्हें पहचान नहीं पाता। एक अछूत का बड़ी पदवी में बिराजमान होना ही कई लोगों के गले के नीचे नहीं उतर रहा था। सो यह बात छोटे–बड़े लोगों में फैल गई। यही बात जब होटल कर्मचारियों को भी पता लगी तो न जाने कितने पारसी लोग डॉ. अम्बेडकर को घेरकर खड़े हो गए और पूछा,'तुम कौन हो।' अम्बेडकर ने जवाब दिया, 'हिंदू हूँ।' इस पर जोरदार बहस होने लगी, पारसियों ने चेताया, 'होटल से फौरन निकल जाओ।'

डॉ. अम्बेडकर ने हिम्मत से आठ घण्टे की मोहलत माँगी और मकान ढूंढ़ने लगे। कई मित्रों से मिले किन्तु हर किसी ने कोई न कोई बहाना बनाकर उन्हें चलता कर दिया। हारकर वह भूख–थकान व अपमान की मार से निढाल होकर एक पेड़ के नीचे बैठकर दुःख से आँसू बहाने लगे।

अपमान की इस पीड़ा से उद्विग्न डॉ. अम्बेडकर ने वापस मुंबई लौटने का विचार किया और रात की गाड़ी से ही 17 नवम्बर, 1917 को मुम्बई लौट आए।

महाराज गायकवाड़ के पुनः आदेश से बड़ौदा पहुँचे

असह्य अपमान सहने के बाद डॉ. अम्बेडकर मुंबई लौट तो आए। किन्तु शीघ्र ही बड़ौदा महाराज ने उन्हें पुनः सेवा में लौटने का आदेश भेज दिया। उनकी समझ में न आता था कि अब क्या किया जाए? इस दौरान वह मुंबई में ही कृष्णा कुलस्कर जी से मिले और अपना सब हाल कह सुनाया। केलुस्कर जी ने एक मित्र जो बड़ौदा में ही रहते थे। उनके नाम एक पत्र लिखकर डॉ. अम्बेडकर के बारे में सूचना भिजवा दी। उनके मित्र ने डॉ. अम्बेडकर को अपने घर में जगह देना स्वीकार कर लिया और कहा कि वह छुआछूत नहीं मानते।

डॉ. केलुस्कर ने अम्बेडकर को बतलाया कि अब वह बड़ौदा जाकर उनके मित्र के पास तब तक रह सकते हैं जब तक उनके निवास स्थान की समस्या हल नहीं हो जाती।

डॉ. अम्बेडकर यह आश्वासन पाकर बड़ौदा स्टेशन पर उतरे ही थे कि श्री केलुस्कर जी के मित्र का नौकर हाथ में चिट्ठी लिए हुए उनके पास पहुँचा और चिट्ठी पकड़ा दी। जिसमें खेद प्रकट करते हुए श्री केलुस्कर जी के मित्र ने लिखा – 'कृपया मेरे यहां न आइएगा। मैं तो अस्पृश्यता के विरुद्ध हूँ किन्तु मेरी पत्नी पुराने विचारों की है। उन्हें आपके आने से कष्ट होगा।' डॉ. अम्बेडकर को एक बार फिर मन मसोसकर वापस मुंबई लौट आना पड़ा।

डॉ. अम्बेडकर को इस घटना ने झकझोर दिया था। उन्हें लगा कि जब उन जैसे पढ़े–लिखे सभ्य इन्सान के साथ, समाज के ही कुछ पढ़े–लिखे और सभ्य माने जाने वाले लोग ऐसा घोर अमानवीय व्यवहार कर रहे हैं तो उसकी बिरादरी के अन्य अनपढ़ अछूत भाइयों के साथ आम जनता किस तरह का व्यवहार करती होगी! इन विचारों से ओत–प्रोत उन्होंने मन में ध्येय धारण कर लिया था कि वह अपने वर्ग के लोगों के लिए कुछ ऐसा कदम जरूर उठाएंगे। जिससे उन जैसे लोगों को भी समाज में अधिकारपूर्ण भाव से जीवन जीने का अधिकार मिल सके, जो अब तक घृणित जीवन बिता रहे थे।

मुंबई आ जाने पर उन्हें पता चला कि उनकी सौतेली माता की हालत चिन्ताजनक है। वह फौरन उनसे मिलने जा पहुँचे। कुछ ही दिनों में उनका निधन हो गया और उन्होंने एक बेटे की तरह अपनी माँ का दाह–संस्कार क्रिया को पूर्ण किया।

• • •

तृतीय अध्याय

अछूतोद्धार का संक्षिप्त इतिहास व डॉ. अम्बेडकर का कर्म–क्षेत्र के लिए तैयार होना

जैसा कि विदित है कि कांग्रेस की स्थापना सन् 1885 में हो चुकी थी। जस्टिस महादेव गोबिंद रानाडे इसके संस्थापकों में एक थे। उन्होंने ही इस मंच से प्रथम अधिवेशन में समाज–सुधार की आवश्यकता की ओर प्रस्ताव रखते हुए कांग्रेस का ध्यान आकर्षित किया। कांग्रेस पार्टी के इसी मंच से दूसरे अधिवेशन की घोषणा की जो सन् 1886 में कोलकाता में होना तय किया गया जिसमें 'अखिल भारतीय समाज सुधार सम्मेलन' नाम से एक संस्था स्थापित की जाने की बात कही। किन्तु जब तीसरा अधिवेशन 1887 में राजा सर टी. माधवराव की अध्यक्षता में 1887 में हुआ तब इस विषय में पार्टी दो दलों में विभक्त हो गई। एक दल की मान्यता थी कि कांग्रेस में सभी धर्म व जातियों के लोग हैं और उनमें आपस में एकता बनी रहनी चाहिए। इसलिए वह दल चाहता था कि कांग्रेस पार्टी के जरिये सीधे राजनैतिक मुद्दे ही उठाए जाएं। किन्तु दूसरा दल चाहता था कि राजनीतिक गतिविधि तभी सफल हो सकती है जब समाज–सुधार के लिए भी कार्य किया जाए।

दोनों विचारों से मतैक्य रखते हुए अब तक कांग्रेस के लोग एक जुट होकर कार्य कर तो रहे थे। किन्तु जो पक्के कट्टर समर्थक थे। वे लोग नहीं चाहते थे कि समाज सुधार की चर्चा इस अधिवेशन से की जाए। अतः 1895 में सुरेन्द्रनाथ बनर्जी की अध्यक्षता में जो ग्याहरवां सम्मेलन पूना में होना था। उसमें कट्टर समर्थकों ने (जो कि लोकमान्य तिलक के नेतृत्व में थे) इस सम्मेलन को न होने देने का फैसला ले लिया था। इस स्थिति में जस्टिस रानाडे, गोखले आदि नेताओं ने अलग सम्मेलन करना चाहा तो गरम दल ने इनके पण्डाल को न होने देने के लिए आग लगाने की चेतावनी दे डाली। स्थिति बिगड़ते देख समाज–सुधारक दल ने पुलिस संरक्षण में समाज–सुधार का अन्तिम अधिवेशन किया था। इस तरह अस्पृश्यता–निवारण का ज्वलन्त मुद्दा कांग्रेस के विचार मंच से निकलकर दूर हो गया।

यहाँ तक कि मुसलमान भी अस्पृश्यता–निवारण के मुद्दे पर कांग्रेस के विचारों से सहमत खड़े थे। इसलिए 1909 में मिण्टों–मार्ले सुधार–योजना के अनुसार मुसलमानों को साम्प्रदायिक संरक्षण के साथ–साथ उन्हें अलग प्रतिनिधित्व व निर्वाचक संघ दे दिया गया था। इसी नीति के अनुसार 1916 में लखनऊ अधिवेशन सम्मेलन में कांग्रेस और मुस्लिम–लीग में एक समझौता हुआ जिसमें कहा गया – 'यह कांग्रेस सरकार से मांग करती है कि कांग्रेस की महासमिति ने भारतीय मुस्लिम–लीग द्वारा नियुक्त सुधार–समिति की सहयोगिता से शासन–सुधार की जो योजना तैयार की है, उसको मंजूर कर स्वराज्य की ओर एक दृढ़ कदम उठाया जाए।' यह समझौता लखनऊ–पैक्ट के नाम से भी जाना गया।

होमरूल आन्दोलन इन दिनों आम जनता में अत्यन्त चर्चित हो चुका था। भारतीय लोगों का झुकाव अपनी ओर करने के लिए 20 अगस्त, 1917 को भारत–मंत्री मांटेग्यू ने 'हाउस ऑफ कामन्स' में घोषणा की – 'सम्राट–सरकार की यह नीति है और उससे भारत सरकार पूर्णतया सहमत है कि भारतीय शासन के प्रत्येक विभाग में भारतीयों का संपर्क उत्तरोत्तर बढ़े और उत्तरदायी शासन–प्रणाली का धीरे–धीरे विकास हो, जिससे कि अधिकाधिक प्रगति करते हुए स्व–शासन–प्रणाली भारत में स्थापित हो और वह ब्रिटिश साम्राज्य के एक अंग के रूप में रहे। यह तय कर लिया गया है कि इस दिशा में जितना शीघ्र हो, ठोस रूप से कुछ कदम आगे बढ़ाया जाए।' इस घोषणा के बाद से सब दलों के कान खड़े हो गए। अछूत वर्ग के लोग भी सचेत हो गए थे। जब मांटेग्यू लोकमत का अध्ययन करने भारत आए। तब मद्रास और बंगाल के अछूत प्रतिनिधियों ने ब्राह्मण वर्ग और सवर्ण हिन्दुओं के विरुद्ध भड़कीले आरोप लगाए।

यह समय चूंकि महायुद्ध का था। इसलिए इसी वर्ष फिर से अछूतों के लिए सेना में भर्ती खोल दी गई। जबकि 1892 में अछूतो के लिए भर्ती सवर्णो के दबाव में बन्द कर दी गई थी। अछूत समाज भर्ती खुल जाने से उत्साहित था। उनका यह उत्साह मायूसी में भी तब बदल गया जब महायुद्ध समाप्त होते ही अछूतों की भर्ती फिर बन्द कर दी गई थी।

डिप्रेस्ड क्लासेस मिशन की ओर से सर नारायणराव चंदावरकर मांटेग्यू से मिले थे। उनकी अध्यक्षता में 11 नवंबर, 1917 में अछूतों की एक बैठक हुई, जिसमें कांग्रेस–लीग योजना का समर्थन किया गया। यहाँ एक प्रस्ताव में मांग की गई कि संख्या के आधार पर अछूतों को अपने प्रतिनिधि कौंसिलों में निर्वाचित करने का अधिकार दिया जाए और सवर्ण हिन्दुओं को प्ररित किया जाए कि वह अछूतोद्धार के हक में खड़े होकर अस्पृश्यता–निवारण में सहयोग करें।

सर नारायणराव चंदावरकर अछूत न होकर केवल अछूतों से सहानुभूति रखते थे। उनके परिषद के विरुद्ध कुछ ही दिनों बाद बापूजी बागडे ने अपनी अध्यक्षता में न केवल नारायणराव का विरोध किया अपितु कांग्रेस–लीग योजना के साथ–साथ सवर्ण हिन्दुओं को राजनीतिक अधिकार देने का भी प्रबल विरोध क़िया। अपने विरोध में उन्होंने कहा जब सवर्ण हिंदू अछूतों को समान अधिकार नहीं देते, तो उनको होमरूल मांगने का क्या अधिकार है? जबकि नारायणराव 1900 में भी कांग्रेस के लाहौर अधिवेशन के अध्यक्ष रह चुके थे।

जो भी हो, भारत–यात्रा के दौरान मांटेग्यू के समक्ष अछूतों ने अपना दावा देश के सामने रख दिया था। वातावरण के रुख को भांपकर कांग्रेस ने अपने बत्तीसवें अधिवेशन में, जो कि 1917 में श्रीमती एनी बेसेन्ट की अध्यक्षता में हुआ, सर्वसम्मति से प्रस्ताव पास किया कि अस्पृश्यता–निवारण का हल किया जाना चाहिए। इससे कांग्रेस का मन्तव्य था कि अछूत समाज भी कांग्रेस–लीग योजना का समर्थन करे।

अपने दूसरे प्रस्ताव में कांग्रेस ने कहा कि वह उन लोगों के लिए मानवीय अधिकार करती है जो धर्म या जाति के चलते भेदभाव व तमाम असुविधाओं का सामना कर रही है। कांग्रेस कोलकाता में हुए अपने वार्षिक अधिवेशन में अछूतों के प्रस्ताव पास कर चुकी थी। किन्तु डॉ. अम्बेडकर इस प्रस्ताव से सहमत नहीं थे और इसे आधारहीन व अपरिपक्व मानते थे।

23–24 मार्च, सन 1918 में 'डिप्रेस्ड क्लासेज मिशन सोसाइटी' की दो दिवसीय कार्यक्रम की अध्यक्षता बड़ौदा महाराज ने की थी और नारायणराव चन्दवराकर स्वागत समिति के अध्यक्ष थे। इस कार्यक्रम

में विठ्ठलभाई पटेल व विपिनचन्द्र पाल जैसे जाने–माने लोग सम्मिलित हुए थे। हालांकि डॉ. अम्बेडकर इस योजना से सहमत नहीं थे और उन्होंने अपने को इस अधिवेशन से दूर ही रखा हुआ था। उनके मन में किसी तरह पैसा कमाकर लंदन जाने का विचार तैर रहा था जिससे अपने अधूरे शोध को वह पूरा कर सकें।

आजीविका के लिए कई प्रयास

डॉ. अम्बेडकर मुबंई में काम की तलाश में अभी भी भटक रहे थे। कुछ काम न मिलने से उन्होंने एक–दो पारसी लड़कों को ट्यूशन पढ़ाना शुरू कर दिया था। उनसे प्राप्त आय से घर का खर्च भी मुश्किल से निकल पाता था। वह वैसे तो अर्थशास्त्र के विद्वान थे। उन्होंने विचार करके 'स्टाक्स एण्ड शेयर्स एडवाइजर्स' नाम से कंपनी खोली और बड़े–बड़े कारोबारियों व कंपनियों को आर्थिक सलाहकार के रूप में स्वतन्त्र सलाह देने लगे। इस काम से उन्हें अच्छा पैसा मिलने लगा था। किन्तु गुजराती और मारवाड़ी व्यापारियों को धीरे–धीरे मालूम पड़ ही गया कि डॉ. अम्बेडकर एक अछूत हैं तो उन्होंने एक अछूत की कंपनी से किनारा कर लिया। फलतः डॉ. अम्बेडकर को मजबूरन अपना काम समेट लेना पड़ा।

अर्थशास्त्र के प्रोफेसर नियुक्त हुए

डॉ. अम्बेडकर कष्टपूर्वक समय व्यतीत कर रहे थे। तदापि हिम्मत हारे बगैर वह अपने पथ पर बढ़े चले जा रहे थे। इन्हीं दिनों उन्होंने 'कास्ट इन इण्डिया' और बर्नाड रसेल कृत 'रिकन्स्ट्रकशन ऑफ सोसाइटी' पर लिखे धारदार रिव्यू को पुनः प्रकाशित करवाया। अचानक उन्होंने सुना कि मुंबई के सरकारी सिडेनहॅम कॉलेज में अर्थशास्त्र के प्रोफेसर के लिए जगह खाली है। जानकर, उन्होंने अपनी काबिलियत की अर्जी लिखकर भिजवा दी। जिससे उन्हें अर्थशास्त्र की प्रोफेसरी मिल सके। वह जानते थे कॉलेज की स्थापना मुंबई के भूतपूर्व गवर्नर लार्ड सिडेनहॅम के नाम पर हुई है। लंदन में डॉ. अम्बेडकर इन्हीं लार्ड सिडेनहॅम से जान–पहचान बना चुके थे।

काबिलियत से भरपूर होने के बाद भी डॉ. अम्बेडकर ने लार्ड सिडेनहॅम को अपनी सिफारिश के आशय से पत्र लिखा। उन्होंने भी सिफारिश की और डॉ. अम्बेडकर अर्थशास्त्र के प्रोफेसर पद के लिए 11 नवम्बर, 1918 को 450 रुपये माहवार पर चुन लिए गए।

यहाँ भी अछूत का भूत सर पर डोलता रहा। कई सवर्ण छात्रों ने एक अछूत टीचर से पढ़ना गंवारा नहीं समझा। किन्तु अर्थशास्त्र के विदूषक डॉ. अम्बेडकर की गहन अध्यनात्मक व विश्लेषणात्मक तर्कशक्ति ने अपना लोहा मनवा लिया और वह छात्रों में लोकप्रिय हो गए। यहाँ तक कि दूसरे कॉलेज के छात्र भी उनके लेक्चर सुनने के लिए कक्षा में आने लगे परन्तु कॉलेज के कई सह–अध्यापक डॉ. अम्बेडकर के साथ भेदभाव बरतते थे। उनके साथ खाने–पीने, उठने–बैठने में वह लोग अपनी तौहीन समझते थे।

आजीविका के हल से उत्पन्न सुखद पल

कॉलेज में लेक्चररशिप मिल जाने से डॉ. अम्बेडकर को उम्मीद बंध गई कि वह जल्दी ही लंदन यूनीवर्सिटी जाकर एम.एस.सी., डी. एस.सी. और ग्रेज–इन की बार–एट–लॉ की डिग्रियॉ हॉसिल कर सकेंगे। उनकी पत्नी रमाबाई ने भी चैन की सांस ली कि अब घर की अर्थिक स्थिति सुधर जाएगी। परन्तु डा. अम्बेडकर ने उन्हें अपना निर्धारित लक्ष्य सुनाया कि वह अगले एक दो सालों में लंदन जाकर पढ़ाई करना चाहते हैं। इसलिए खर्च में बचत होना बहुत जरूरी है।

रमाबाई साधारण सीधी–सादी घरेलू स्त्री थीं। उनकी दृष्टि में था कि उनके पति अब व्यर्थ की दौड़–धूप बन्द करें और यहीं रहकर घर–गृहस्थी में मशगूल हो जाएं। रमाबाई के सादगीपन से डॉ. अम्बेडकर प्रभावित थे। वे उसे प्यार से 'रामू' पुकारते और थोड़ा बहुत अपने प्रयासों से लिखना–पढ़ना भी सिखाया था। दोनों दंपति की कुल पाँच संतानें हुईं। पहले तीन पुत्रों यशवन्त, रमेश और गंगाधर में से रमेश और गंगाधर की मृत्यु तो बचपन में ही हो गई थी। बाद में दो संतानें इंदु और राजरत्न भी मृत्यु के आंचल में समा गए। यशवंत ही उनका एक मात्र पुत्र उनकी वंश–बेल बढ़ाने के लिए जीवित रहा।

छात्रवृत्ति के करार को वापस करने की दरकार

प्रोफेसर बन जाने के बाद डॉ. अम्बेडकर ने घर पर भी बराबर ध्यान दिया। उनके बड़े भाई आनंदराव बीमार चल रहे थे। उन्होंने उनकी दवा–दारू का ध्यान रखते हुए हवा–पानी बदलने के लिहाज से उन्हें उनके ससुराल भी भेज दिया। किन्तु वहाँ भी स्वास्थ्य लाभ नहीं हुआ और कुछ ही दिनों बाद उनकी मृत्यु हो गई। डॉ. अम्बेडकर इस गम से डूब गए। वहीं बड़ौदा रियासत की तरफ से फरमान आया कि वह करार के मुताबिक अपनी सेवा नहीं दे रहे हैं इसलिए रियासत से प्राप्त छात्रवृत्ति को वह शीघ्र लौटा दें। इस तरह के शिकायती पत्र से सिडनहॅम कॉलेज के प्रिंसिपल और मुंबई सरकार के शिक्षा–विभाग को भी अवगत कराया गया। परन्तु बाद में आवश्यक जांच के बाद महाराजा सयाजीराव गायकवाड़ को डॉ. अम्बेडकर के प्रति किए गए दुर्व्यवहार का पता चला तो उन्होंने इस मामले को जस का तस बन्द करवा दिया, जिससे आगे कोई कार्यवाही नहीं हुई।

अपने लक्ष्य–पूर्ति के लिए संघर्ष

डॉ. अम्बेडकर अपने व परिवार के जीवनयापन के लिए संघर्ष कर रहे थे। इसके लिए वह अच्छे वेतन पर नियुक्त भी हो चुके थे। किन्तु उनका लक्ष्य अभी दूर था जिसे वह पाना चाहते थे। लंदन यूनीवर्सिटी से डिग्री हासिल करना तो उनकी प्राथमिकता थी ही वह अछूत वर्ग के अपने जैसे लोगों की सेवा भी करना चाहते थे।

इसी उद्‌देश्य से प्रेरित उन्होंने महाराज कोल्हापुर के समक्ष पाक्षिक पत्र निकालने की मंशा जाहिर की तो वह भी तुरन्त इस सामाजिक भलाई के लिए सहमत हो गए और आर्थिक सहायता देने का वचन भी दिया। डॉ. अम्बेडकर का कोल्हापुर के महाराज शाहू से सम्पर्क सन् 1914 में हुआ था। जो कि एक उदार प्रवृत्ति के मानव थे। उनके मन में भी दलित वर्ग के लिए कुछ करने की भावना थी।

31 जनवरी, 1920 को 'मूक नायक' नाम से उन्होंने प्रथम 'इश्यू' का शुभारम्भ किया। गौर करने वाली बात यह थी कि डॉ. अम्बेडकर इस पत्र के ऑफ़िसियल एडीटर नहीं थे। अपितु पत्र के एक

मार्गदर्शक व उसकी शक्ति के एक स्रोत थे। यहाँ यह भी गौर करने वाली बात है कि लोकमान्य तिलक के 'केसरी' ने उनके पत्र के विज्ञापन को अस्वीकार कर दिया था। पत्र के शुरू के कई अंकों में डा. अम्बेडकर ने ही अग्रलेख लिखे थे। इस पत्र के सम्पादक श्री पांडुरंग नंदराम भटकर नामक महार जाति से ताल्लुक रखते थे।

डॉ. अम्बेडकर ने अपने एक लेख में भारत को अछूतों व असमानता का घर बतलाया था। ऐसे ही एक लेख में लिखा था कि उन्होंने भारत को स्वतन्त्र होने से पूर्व आर्थिक, राजनीतिक, सामाजिक व धार्मिक आदि क्षेत्रों में समानता स्थापित करने की ओर ध्यान देना चाहिए। क्योंकि बिना इसके मिली आजादी का अर्थ होगा अंग्रेजों से मिली आजादी का ब्राह्मणों के अधिपत्य में सत्ता का आना। जिनके चंगुल में अछूत वर्ग वैसे ही पिस रहा है और जब यही सवर्ण वर्ग सत्ता में काबिज हो जाएगा तो अछूत वर्ग का जीवन रूढ़िग्रस्त होकर नारकीय ही बना रहेगा, यानी परम्परा में विद्यमान हो जाएगा। तब स्वराज्य का कोई मतलब नहीं रह जाएगा।

ड़ा अम्बेडकर की सोच तार्किकता पर आधारित सटीक बैठती थी। इस तर्क पर आधारित उनका प्रश्न और उसका हल दोनों ही वैज्ञानिक पद्धति की कसौटी पर खरे उतरते थे।

21 मार्च, 1920 को कोल्हापुर के मार्णगांव में अछूतों की एक बैठक हुई, जिसकी अध्यक्षता डॉ. अम्बेडकर ने की थी। उन्होंने अपने विचार प्रस्तुत करते हुए महार जाति की अट्ठारह उपजातियों की भी चर्चा की और अछूत वर्ग को अपने स्तर पर अपने को सुधारने के लिए भी प्रेरित किया। उनके भाषण में अछूतों के लिए जो पीड़ा छलछला आई थी और ब्राह्मणों के प्रति व्यंग्य भरा आक्रोश उभर रहा था।

कोल्हापुर महाराज शाहू ने अपने भाषण में डॉ. अम्बेडकर की भूरी–भूरी प्रशंसा की थी। परिषद खत्म होने के बाद अन्तर्जातीय भोज हुआ, जिसमें महाराज और उनके राज्य कर्मचारियों के अलावा जागीरदारों व अम्बेडकर सहित कई अस्पृश्य लोगों ने एक साथ मिलकर भाग लिया।

मई, 1920 में डॉ. अम्बेडकर के प्रयासों से नागपुर में भी साहू महाराज की अध्यक्षता में अछूतों की अखिल भारतीय सभा हुई। इस

मंच में से डॉ. अम्बेडकर ने कर्मवीर शिंदे की योजना को पढ़ते हुए उस पर कटु प्रहार किया। उनका कहना था कि – 'अछूत समाज की प्रगति में बाधक बनने वाला कोई भी व्यक्ति या संस्था हो, वह चाहे अछूत समाज की ही हो या सवर्ण हिन्दू समाज की, उसका हमें तीव्र निषेध करना चाहिए।' इस तरह परिषद में एक प्रस्ताव पास हुआ और डिप्रेस्ड क्लासेस मिशन सोसाइटी ने जो फैसले लिए थे उनको मानने से इन्कार कर दिया और उस संस्था को अछूत समाज के प्रति उत्तरदायी न ठहराते हुए अविश्वास करार दे दिया। इस तरह डॉ. अम्बेडकर अछूत वर्ग के एक विश्वसनीय नेता के रूप में उभरते हुए आ रहे थे।

यूरोप–प्रवास

डॉ. अम्बेडकर अछूतों के एक विश्वसनीय नेता के रूप में स्थापित होते जा रहे थे। किन्तु उन्होंने अभी तक पूर्णतया अपने को इस अछूतोद्धार आन्दोलन से जोड़ा नहीं था। सिडेनहॅम कॉलेज की प्रोफेसरी करते हुए इस दौरान तक उनके पास कुछ पैसा इकट्‌ठा हो गया था। जिससे वह 'लन्दन स्कूल ऑफ इकोनोमिक्स एंड पॉलिटिक्ल साइन्स' में अपने अधूरे पड़े ख्वाब को पूरा कर सके। इस योजना को साकार करने के लिए वह 5 जुलाई, 1920 को नौकरी से स्वैच्छिक इस्तीफा देकर लंदन रवाना हो गए।

उन्होंने लंदन पहुँचकर यूनीवर्सिटी में अपना दाखिला कराया और दिन–रात ज्यादा से ज्यादा पढ़ने–लिखने और टिप्पणी लिखने में जुट गए। वह एक अंग्रेज महिला के घर पर बतौर पेइंग गेस्ट बनकर रहते थे। वह समय और धन दोनों का ही अत्यधिक ख्याल रखते थे। भोजन शरीर की आवश्यकतानुसार जैसा–तैसा लेकर काम चला लेते थे किन्तु समय का उपयोग वह भरपूर करते। सुबह 6 बजे से लेकर शाम 5 बजे तक जब तक लंदन म्यूजियम लाइब्रेरी खुली रहती थी। उसका उपयोग करते थे। यही नहीं, वह इंडिया ऑफिस लाइब्रेरी, लन्दन विश्वविद्यालय पुस्तकालय और शहर के दूसरे पुस्तकालयों का उपयोग भी करते रहते थे। उनकी दिनचर्या में अधिक से अधिक पढ़ना–लिखना ही एकमात्र लक्ष्य था। पुस्तकें खरीदना ही उनका एक

मात्र शौक था। जिसे वह चाहकर भी अपने को रोक नहीं पाते थे। फलतः इसी में उनके पैसे अधिक खर्च हो जाते थे।

इस तरह जून, 1921 लंदन यूनीवर्सिटी ने 'द प्रोवेन्सियल डिसेन्टरलाइनेशन ऑफ इम्पीरियल फ़ाइनेंस इन ब्रिटिश इंडिया' प्रबंध पर एम.एस.सी की डिग्री प्रदान की। उसके बाद वे डी.एस.यर. के लिए प्रबंध लिखने का उपक्रम करने लगे। इस उपक्रम के तहत अक्टूबर, सन् 1922 में उन्होंने 'द प्रॉब्लम ऑफ द रूपी' लिखकर लन्दन विश्वविद्यालय में जमा कराया। इसके बाद वह बार–एट–ला की परीक्षा की तैयारियों में लग गए और उत्तीर्ण होकर बार–एट–ला की डिग्री भी हॉसिल कर ली।

इधर उनका ध्यान जर्मनी स्थित बोन विश्वविद्यालय से डाक्टरेट डिग्री प्राप्त करना भी था। जिसके लिए उन्होंने मई, 1922 में बोन यूनीवर्सिटी में दाखिला ले लिया। इसके लिए वह जर्मन और फ्रेंच भाषा का अध्ययन करने लगे। उन्हीं दिनों 6 मई, 1922 को शाहू महाराज भी गुजर गए थे। जर्मनी में रहते हुए मुश्किल से नौ महीने ही बीते होंगे कि लंदन यूनीवर्सिटी से बुलावा आ गया और वह अर्थशास्त्र के प्रोफेसर डा. कैनन के अनुसार बिना निष्कर्ष बदलते हुए अपनी थीसिस दुबारा लिखने लगें, क्योंकि साम्राज्यवादी अंग्रजों को उनका विश्लेषण रास नहीं आ रहा था। परन्तु उनके पास पैसों की तंगी होने लगी थी। आर्थिक संकटों से जूझते हुए वह अंत में 14 अप्रैल, 1923 को मुंबई लौटे। यहीं रहकर उन्होंने अपनी थीसिस को पूर्ण किया और लंदन यूनीवर्सिटी को भेज दिया। इस पर लंदन यूनीवर्सिटी को किसी प्रकार का ऐतराज नहीं हुआ और उन्हें 'डाक्टर ऑफ साइन्स' की डिग्री दे दी गई। इसमें बतलाया गया था कि किस तरह रुपये और पौंड का प्रभाव भारतीय जनता पर पड़ा था और उससे कितना नुकसान भारतीय लोगों को झेलना पड़ा। दिसंबर, 1926 में लंदन में प्रकाशित इस प्रबंध की अर्थशास्त्रियों ने खुलकर तारीफ की थी।

अछूतोद्धार की सेवा का निर्णय ले, कर्मक्षेत्र में पैर रखे

इस तरह सातारा आदि जगहों में पढ़ने वाला एक दलित, जिसका बार–बार अपमान किया गया था। अब डी.एस.सी., पी–एच.डी.,

बार–एट–लॉ आदि डिग्रियों से लैस हो चुका था। ज्ञान के क्षेत्र में वह भण्डार थे। नौकरी करना ही उनका एकमात्र इरादा न था। वह अस्पृश्य लोगों का भी भला करना चाहते थे। उन लोगों की सेवा जिसके लिए उनका हृदय पीड़ा से भरा रहता था। जब वह स्वाध्याय में लगे थे, तब भी वह समाज, और राजनैतिक हलचलों से अनभिज्ञ नहीं थे। किन्तु तब वह सामाजिक स्थिति को समझते हुए कर्मक्षेत्र के लिए तैयार हो रहे थे और सही समय आने का इन्तजार कर रहे थे। अब जबकि वह अनुकूल समय आ चुका तो वह पूर्णतया इस क्षेत्र में कूद पड़ने को तत्पर थे।

जून, 1923 में डॉ. अम्बेडकर ने वकील का व्यवसाय स्वीकार करके प्रैक्टिस शुरू कर दी थी। यहाँ भी अछूत होना उनके लिए दुःखदायी बना हुआ था। लोगों की मानसिकता में यही था कि किसी भी भारतीय की अपेक्षा यूरोपीय बैरिस्टर ज्यादा प्रतिभावान होते हैं। किन्तु वह किसी भी प्रकार की टिप्पणियों को गम्भीरता से न लेते हुए अपने कार्य और अपने कर्मक्षेत्र पर डटे हुए चल रहे थे।

प्रथम विश्वयुद्ध के बाद समूचे विश्व में समाज–सुधार आन्दोलन की गति तेज हो गई थी। उन दिनों मुंबई विधानसभा में अछूतों के लिए स्कूल, महार के गाँवों में पानी की व्यवस्था व अनुसचित जाति की लड़कियों के लिए अलग से छात्रावास का इन्तजाम करना। इसी तरह सार्वजनिक पेयजल व धर्मशाला का प्रयोग अछूत लोग भी उसी तरह कर सकेंगे, जैसे सवर्ण लोग करते हैं। यह प्रस्ताव पास होना अत्यन्त महत्त्वपूर्ण था।

सन् 1924 इस प्रकार की घटनाओं से भरा हुआ था। सावरकर और गाँधी दोनों जेल की सजा काटकर बाहर आ चुके थे। वीर सावरकर यरवदा जेल से रिहा हुए और सरकार ने उन्हें रत्नागिरि जिले में नजरबन्द रखा हुआ था। अब शर्त के मुताबिक वीर सावरकर राजनीतिक कार्य नहीं कर सकते थे। इसका कितना नुकसान हुआ यह तो नहीं कहा जा सकता किन्तु एक फायदा यह हुआ कि उन्होंने अपना सारा ध्यान समाज–सुधार की ओर एकाग्र करके लगाया था। वह हिन्दू समाज में भेदभाव और अस्पृश्यता के खिलाफ थे। इसलिए

इसके विरुद्ध कार्य करने लगे। उन्होंने रत्नागिरि में पतित–पावन मंदिर बनवाकर उसमें एक भंगी कथावाचक बनाया और ब्राह्मण स्त्रियों से उसकी पूजा करवाई। मंदिर में सवर्णो और अछूतों का सम्मेलन करवाया और सहभोज की प्रथा को बढ़ावा देने का कृत्य शुरू किया। किन्तु उनका यह कार्य नजरबन्दी की वजह से रत्नागिरि तक ही सीमित रहा। बाकी का काम उन्होंने अपनी कलम के सहारे पूरे महाराष्ट्र में स्थापित करने का प्रयास किया।

गाँधी ने भी इस दिशा में सराहनीय कार्य किए। वह हिन्दुओं के बीच से अस्पृश्यता को खत्म करना चाहते थे। किन्तु व्यवस्थित ढांचे में छेड़छाड़ भी नहीं करना चाहते थे। उनका खास मन्तव्य रहा कि स्थिति में बदलाव धीरे–धीरे लाई जाए एकाएक बदलाव की प्रक्रिया से उस समय का राजनैतिक मुद्दा गड़बड़ा सकता है, उससे भटका जा सकता है।

अम्बेडकर तो थे ही जन्मजात अछूत। वह किसी अन्य समाज सुधारकों में से कहीं ज्यादा अपने लोगों के दुःख–दर्द को समझ सकते थे। यही कारण है कि डॉ. अम्बेडकर ने 29 जुलाई, 1927 को अपने 'बहिष्कृत भारत' नामक पाक्षिक पत्र में लिखने का साहस कर सके –

"यदि लोकमान्य तिलक अछूतों में पैदा होते, तो 'स्वराज्य मेरा जन्मसिद्ध अधिकार है' यह आवाज बुलंद न करते, बल्कि उनका सर्वप्रथम नारा होता 'अछूतपन का खात्मा करना मेरा जन्मसिद्ध अधिकार है।"

मसलन, उनका यह वक्तव्य एक मनोवैज्ञानिक सच था। व्यक्तिगत अनुभव किया हुआ, इसलिए वह अन्य समाज–सुधारकों से अलग विचार रखकर क्रान्तिकारी ढंग से कार्य करना चाहते थे। इस दिशा में उन्होंने अपने अछूतोद्धार आन्दोलन का शुंभारम्भ 'बहिष्कृत हितकारिणी सभा' स्थापित करके किया था। यह सभा 20 जुलाई, 1924 में स्थापित हुई थी। मुंबई प्रेसीडेंसी ने इसे मंजूरी प्रदान कर दी थी। इसका कार्यालय दामोदर हॉल, मुम्बई में रखा गया। इसका कार्यक्षेत्र मुम्बई तक ही सीमित था और इसके मुख्य कार्य निम्न थे –

1. दलित वर्ग की कठिनाइयों को दूर करना और अस्पृश्यता का निवारण करना।

2. दलित वर्ग में शिक्षा का प्रचार–प्रसार
3. उनके लिए छात्रावास बनवाना
4. अछूतों की आर्थिक स्थिति को सुधारते हुए औद्योगिक तथा कृषि सम्बन्धित स्कूल खोलना।
5. दलित वर्ग की सांस्कृतिक विकास हेतु पुस्तकालय व अभ्यास केन्द्रों की स्थापना करना।

इस तरह एक उद्‌देश्यपूर्वक स्थापित सभा के अध्यक्ष चिम्मनलाल हीरालाल, उपाध्यक्ष बने रूस्तम जीनवाला, सोलिसीटर जी.के. नारीमन, डॉ. वी.पी. चौहान, बालगंगाधर खेर आदि थे। इसकी प्रबंध–समिति के चेयरमैन बने डॉ. अम्बेडकर। इस सभा की ओर से मुंबई में वाचनालय, महार हॉकी क्लब खोले गए तथा सोलापुर में छात्रालय की स्थापना की गई। इस सभा में केवल दस–बारह ही सदस्य थे और उन्हें विषम परिस्थितियों में काम करना था। उसी वर्ष त्रावणकोर और मद्रास में वहाँ के अस्पृश्यों ने रामस्वामी नायकर के नेतृत्व में आन्दोलन शुरू किया था। वहाँ मन्दिर–प्रवेश के लिए प्रयत्न हुआ और उसमें उन्हें सफलता मिली। (इसकी चर्चा आगे थोड़े विस्तार से की जाएगी)।

इन्हीं दिनों डॉ. अम्बेडकर के लड़के 'राजरत्न' का जन्म हुआ किन्तु यह लड़का कुछ महीने का होकर गुजर गया। व्यक्तिगत जीवन से जूझते हुए डॉ. अम्बेडकर अपने कर्मपथ पर बढ़ते चले जा रहे थे। उनसे पहले अछूतोद्धार की बागडोर सवर्णो के हाथों में थी। अप्रैल, 1925 में मालवण गांव में जो कि रत्नागिरि जिले में है 'मुंबई प्रांतीय अस्पृश्य परिषद का पहला अधिवेशन 'डा. अम्बेडकर की अध्यक्षता में हुआ। उनका कहना था कि अछूत वर्ग स्वयं अपने आंदोलन को अपने हाथों में ले ले। क्योंकि सवर्ण आन्दोलन को ईमानदारी से वह गति नहीं दे सकेगा जो एक अछूत वर्ग का व्यक्ति कर सकता है। इसलिए किसी अछूत को ही आंदोलन का संचालन करना चाहिए। अछूतों की दीन–हीन दशा से तो वह पहले ही क्षुब्ध रहते थे। इसलिए चाहते थे कि अछूतों को स्वयं स्वावलम्बी बनना चाहिए। इसके लिए वह अछूत भाइयों को कभी–कभी फटकार भी लगा देते थे। उनकी डांट–फटकार सुनकर भी अछूत लोग उनके प्रति

श्रद्धा से भर जाते। यही लोग डॉ. अम्बेडकर के प्रति अपना विश्वास जताते हुए उनसे अभिभूत थे।

महाड़ व नासिक सत्याग्रह

पुरातन समय से हिन्दू समाज में मनुष्य–मनुष्य में एक भेदभाव की स्थिति चली आ रही थी। यह भेदभाव था – सवर्णों व अछूतों में भेदभाव का रोग। इस विडम्बना को आमतौर पर दोनों ही वर्ग एक ऐसे ठप्पे के रूप में स्वीकार कर चुके थे कि यही किस्मत का फैसला है। जिसको स्वीकार करते चले जाने में ही शायद भलाई है। किन्तु अभिशाप, कुरितियाँ जैसी चीज मानवता में कलंक है। ऐसी कुरीतियों के प्रति कुछ सवर्ण हिन्दुओं ने भी अपने आन्दोलन चलाए। किन्तु ऐसे आन्दोलन में आमतौर पर सुधार की गुंजाइश कम होती थी और उसमें दिखावा या प्रदर्शन अधिक होता था। जिससे निजात पाने के लिए प्रयास ब्राह्मणेतर नेता ही ईमानदारी से और जोश–खरोश से कर सकते थे।

ऐसा ही एक आन्दोलन था 'वायकोम सत्याग्रह'। 1925 में घटा यह आन्दोलन अछूतोद्धार की दृष्टि से अत्यन्त महत्त्वपूर्ण है। उत्तर भारत में अछूत का जीवन कितना नारकीय है, बयां नहीं किया जा सकता है किन्तु दक्षिण भारत में छुआछूत की भावना उत्तर प्रदेश की तुलना में अधिक है। तो सोचा जा सकता है कि दक्षिण में अछूतों का जीवन कितना नारकीय हो सकता है। इसका एक जीता–जागता उदाहरण यह था कि वायकोम की कुछ खास सड़कों पर अछूत लोगों का प्रवेश वर्जित था। जबकि उत्तर प्रदेश में भी अछूतों पर अत्याचार होते थे किन्तु ऐसा नहीं था कि वह सड़क पर चल नहीं सकते थे। हाँ, उनको इतना करना पड़ता था कि अपने हाथ या गले में निशानी के तौर पर काला धागा बांध लेते थे, जिससे सवर्णों को पहचान हो जाती थी और वे अछूत जाति के लोगों को छुए जाने से बच जाते थे। या फिर अछूत सड़कों पर चलते जाते और अपने गले में लटकाए झाड़ू से अपने पद–चिन्हों को मिटाते चलते थे। जिससे किसी सवर्ण के पैर उनके पदचिन्हों में न पड़े। केरल के वायकोम की कुछ सड़कों पर

इतनी भी कृपादृष्टि करने की बजाय अछूतों के सड़क पर चलने पर ही पाबन्दी लगा दी गई थी।

इस अन्याय के खिलाफ दक्षिण के ख्याति प्राप्त ब्राह्मणेतर नेता रामास्वामी नायकर के नेतृत्व में अछूतों का सत्याग्रह जोर पकड़ने लगा और उन खास सड़कों पर अछूत चल पड़े। इससे क्रुद्ध होकर ब्राह्मणों ने अछूतों को सबक सिखाने के लिए उन्हें पीट डाला। चूंकि रियासत कानूनी तौर पर ब्राह्मणों के पक्ष में थी किन्तु जिस तरह से समाज सुधार की बातें चारों ओर से प्रचंड हवा के रूप में तैर रही थीं। चारों तरफ से सत्याग्रही वायकोम पहुँचने लगे। त्रावणकोर सरकार ने सत्याग्रहियों को रोकने के लिए अपने सिपाही तैनात करने के साथ बाड़े भी खड़े कर दिए। जिससे सत्याग्रही प्रवेश न कर सकें। परन्तु तब जमाना बीसवीं सदी का था, उस पर भी नए–नए अविष्कार हो रहे थे। त्रावणकोर सरकार को कुछ गम्भीर नुमाईन्दों ने समझाया कि इस तरह के दकियानूसी विचारों के खिलाफ शारीरिक बल द्वारा समर्थन करना अत्यन्त निंदाजनक व प्रतिष्ठा के खिलाफ होगा। फिर क्या था रियासत ने बाड़े और सिपाही दोनों हटा लिए। इस तरह सत्याग्रह सफल हो गया। डॉ. अम्बेडकर को वायकोम के इस सत्याग्रह से प्रोत्साहन मिला।

महाड़ आन्दोलन

डॉ. अम्बेडकर का कथन था कि जो भी कार्य किया जाए वह व्यावहारिक, यथार्थोन्मुखी और सरल–सहज हो। क्योंकि वह नहीं मानते थे कि अछूत वर्ग का उत्थान महज भाषणों या नारों से हो सकेगा। अपने इसी कथन व दृढ़विश्वास के सहारे वह कुछ कर गुजरने के लिए प्रेरित हो रहे थे। उनके सामने वायकोम के सत्याग्रह का उदाहरण था।

इसी प्रसंग से प्रेरित डॉ. अम्बेडकर ने कोलाबा जिले में जो महानगरपालिका का तालाब है, जिस पर अब तक सवर्णों का अधिकार था। उसे तोड़कर, अछूतों को भी उसको प्रयोग में लाना चाहिए। असल में, 1923 में महाराष्ट्र के समाज–सुधारक श्रीयुत बोले ने मुंबई

कॉउन्सिल में एक प्रस्ताव पेश किया था, जो इस प्रकार था – 'सरकार द्वारा या सार्वजनिक पैसों से संचालित संस्थाएं – कोर्ट, विद्यालय, अस्पताल, कार्यालय, धर्मशाला, कुएं, जलाशय, पनघट – इन स्थानों में प्रवेश करने तथा उनका उपयोग करने का अधिकार सरकार अछूत वर्ग को प्रदान करे।' यह प्रस्ताव 4 अगस्त, 1923 को पास हुआ। जिसे मुंबई सरकार ने 11 सितम्बर, 1923 को अनुमोदित किया और अपने सब विभाग प्रमुखों को आदेश दिया कि तालाब–कुएं, धर्मशाला इत्यादि सार्वजनिक प्रयोग के लिए हैं और उनका प्रयोग सभी के द्वारा होना चाहिए न कि किसी विशेष जाति के लोगों का अधिकार उस पर होना चाहिए। इसलिए इस प्रस्ताव को पारित किया जाए।

11 सितम्बर, 1923 में पारित हुए प्रस्ताव को नगरपालिका ने 1924 में कोलाबा जिले के महाड़ नामक गांव के चवदार तालाब के पानी का उपयोग करने का अधिकार अछूतों को दे तो दिया था। किन्तु सवर्ण जाति का तब दबदबा था। जिसे देखते हुए किसी अछूत में इतना साहस न था कि कानून बन जाने के बाद भी पानी को छू सके, इस्तेमाल में लाना तो दूर की बात थी। जबकि पारसी, ईसाई व मुसलमान लोग तालाब के पानी का उपयोग करते थे। यहाँ तक कि वह अछूत भी जो धर्म बदलकर पारसी, ईसाई या मुसलमान हो गए थे। किन्तु जो हिन्दू अछूत थे, उनके प्रति सवर्णो का यह व्यवहार कुछ अजीब ही था।

डॉ. अम्बेडकर ने इसके विरोध में झंडा बुलन्द किया और अछूतों को एकजुट करके 19 व 20 मार्च, 1927 को अपनी अध्यक्षता में दलित जाति परिषद की बैठक बुलायी। जिसमें महाराष्ट्र और गुजरात के कोने–कोने से अछूत लोग महाड़ में उपस्थित हुए। एकजुट हुए दलितों का जोश देखते ही बनता था। दोपहर को एकत्र लोगों की बैठक की कार्यवाही शुरू हुई। डॉ. अम्बेडकर का लोगों ने धूमधाम से स्वागत किया। डॉ. अम्बेडकर ने अपने संदेशीय भाषण में अस्पृश्यता के कारण सवर्णो की और सेना में अछूतों की बन्द भर्ती के लिए सरकार की कटु आलोचना की थी।

अन्त में इस समिति के कार्यरूप का निर्धारण करते हुए निर्णय लिया गया कि चवदार तालाब से पानी लेने का अधिकार अछूतों का

भी होना चाहिए। इस अधिकार को सर्वसम्मिति से पास किया गया और अगले दिन डॉ. अम्बेडकर की अगुवाई में सब लोग अपने अधिकार को कार्यरूप देने के लिए चल पड़े। करीब पाँच हजार का जुलूस तालाब की ओर चला जा रहा था। हिन्दुओं और अछूतों में तकरार होने का डर बना हुआ था। इसके लिए सरकार ने सुरक्षा को ध्यान में रखते हुए इन्तजाम किए हुए थे। डॉ. अम्बेडकर के नेतृत्व में यह एक क्रान्तिकारी घटना थी जो सदियों से दबे–कुचले अछूतों को उनका हक दिलाने के लिए एक इतिहास बनने वाली थी।

जुलूस शांतिपूर्वक तालाब के निकट पहुँच गया। डॉ. अम्बेडकर तालाब के किनारे बैठकर जल का आमचन करने वाले थे। यह साधारण सी दिखने वाली घटना अछूतों को जबरदस्त स्वाभिमान का पाठ पढ़ाने जा रही थी। सभी सांस रोककर इस अभूतपूर्व घटना को देख रहे थे। डॉ. अम्बेडकर ने तालाब का पानी हथेली में भरा और सवर्णों के एकाधिकार को तोड़ते हुए पानी को पी गए। उसके बाद जुलूस में एकत्र कई लोगों ने डॉ. अम्बेडकर की देखा–देखी में पानी को अंजलि में भर–भरकर पिया।

महाड़ की घटना को लेकर सवर्णों का हमला

अछूतों के दुस्साहसपूर्ण कार्य को भला सवर्ण हिन्दू कैसे पचा पाते। जो घटना शान्तिपूर्वक घट चुकी थी। हिन्दू संगठन के कुछ लोगों ने अफवाह फैला दी कि अछूत लोग तालाब का पानी पीने के बाद वीरेश्वर मंदिर में भी प्रवेश करने वाले हैं। झूठी खबर की तीव्र प्रतिक्रिया सवर्णों में हुई और वे एकत्र होकर अछूतों के पण्डाल की ओर बढ़ चले। अछूत लोग अब शान्तिपूर्वक पण्डाल में भोजन कर रहे थे। कुछ अछूत घरों को भी लौट चले थे और कुछ वहीं आस–पास टहल रहे थे। सवर्णो को जो अछूत जहाँ मिलता, वहीं उसे वह पीटने लगे। पण्डाल का भोजन मटियामेट कर दिया गया। अछूतों ने बचने के लिए कई मुसलमानों के घरों में आश्रय लेकर अपने को बचाया।

डॉ. अम्बेडकर उस समय अपने निवास स्थान में अपने साथियों के साथ चर्चा में मशगूल थे। दंगे की यह खबर उन तक पहुँची तो वह

पण्डाल की ओर चल दिए। सवर्ण उपद्रवियों में से कुछ गुण्डों ने डॉ. अम्बेडकर पर भी आक्रमण कर दिया। उन्होंने पीटते हुए भी निडरता से उपद्रवियों को समझाया कि उनका वीरेश्वर मंदिर में जाने का कोई इरादा नहीं है। उसके बाद मामला शान्त हुआ तो डॉ. अम्बेडकर अपने घायल भाईयों की दवा–दारू का प्रबन्ध करने में लग गए।

इस घटना की खबर महाराष्ट्र के कोने–कोने तक पहुँच गई थी। महाराष्ट्र के पत्रों के अलावा भारत में अन्यत्र निष्पक्ष छपने वाले पत्रों ने डॉ. अम्बेडकर के सत्याग्रह की प्रशंसा करते हुए सवर्ण हिन्दुओं के उन गुण्डों की निंदा की जिन्होंने अछूतों पर आक्रमण किए थे। पुलिस प्रशासन ने भी कार्यवाही करते हुए 9 सवर्ण उपद्रवियों को गिरफ्तार किया और उनमें से 5 को सज़ा का दोषी पाकर 4–4 महीने कैद की सजा दी गई।

इस घटना ने भारतीय समाज के उच्च तबकों को सोचने पर मजबूर भी किया कि अछूत लोग भी पानी लेने के उतने ही अधिकारी हैं जितने कि सवर्ण हिन्दू अपने को मानते हैं। इन सनातनियों में दोहरी सोच की प्रवृत्ति थी। सनातनी हिन्दू अछूतों को अपने हिन्दू धर्म में बनाए तो रखना चाहते थे किन्तु समानत्व का महत्त्व नहीं देना चाहते थे। वहीं अछूत धर्मान्तर के बाद ईसाई या मुसलमान बन जाता तो उसे वह अधिकार मिलने के मौके बढ़ जाते थे जो वह एक हिन्दू अछूत रहने पर हासिल नहीं कर सकता था। सवर्णो के इसी एकछत्र अधिकार को तोड़ने के लिए अछूतों ने महाड़ आन्दोलन को रूप देकर एक क्रान्तिकारी बिगुल बजाया था।

सवर्ण जाति ने इस बिगुल को अपने लिए एक तरह से खतरे की घण्टी समझा। वह भी जैसे इसका जवाब देना चाहते थे। इसके जवाब में उन्होंने तालाब को शुद्ध करने की योजना बनायी। क्योंकि अछूतों के छूने से तालाब अपवित्र हो गया था। इसलिए तालाब को शुद्ध करने की रस्म अदा की जाने लगी–अपवित्र तालाब से 108 घड़े जल भर–भरकर बाहर फेंका गया और पंच पदार्थ–जिनमें गाय का गोबर, गाय का मूत्र, दूध, घी और दही से भरे कुछ घड़ों को तालाब में उड़ेला

गया। इस दौरान पंड़ितों–पुरोहितों द्वारा मंत्र पढ़े गए और माना गया कि तालाब का शुद्धिकरण हो गया है। इस तरह सनातनी जल का उपयोग करने लगे।

पाक्षिक–पत्र – 'बहिष्कृत भारत'

महाड़ के सत्याग्रह ने डॉ. अम्बेडकर को पूरे महाराष्ट्र में ख्याति प्राप्त व्यक्ति बना दिया था। देश के अन्य हिस्सों में भी इस सत्याग्रह की चर्चा कम या अधिक मात्रा में चर्चित रही। सबसे खास बात जिन अछूतों के अधिकार के लिए यह सत्याग्रह किया गया था। उन अछूतों में एक नई जागृति आई। बहुत से अछूतों ने अपने सामाजिक जीवन के स्तर पर ध्यान देना शुरू कर दिया और अपने जीवन निर्वाह के लिए स्वाललंबी बनने लगे। उन्होंने माँगना और जूठन पर रहने वाला पारम्परिक पेशा छोड़ दिया था।

सवर्ण लोगों में ऐसे भी बहुत थे जो छुआछुत जैसे अन्धविश्वास को नहीं मानते थे और उन्होंने डॉ. अम्बेडकर का साथ दिया था। ऐसे सवर्णो को भी सनातनियों ने कष्ट पहुँचाने की भरपूर कोशिश की थी। डॉ. अम्बेडकर के खिलाफ तो सनातनी थे ही फलतः उनके विरुद्ध आग उगलते ही रहते थे।

डॉ. अम्बेडकर ऐसी बातों का जवाब देना चाहते थे। 'मूकनायक' आर्थिक कारणों से बंद हो चुका था। डॉ. अम्बेडकर ने समझ लिया कि अपने विचारों को भी प्रकट करने के लिए समाचार–पत्र समय की मांग है । इसके लिए उन्होंने 3 अप्रैल, 1927 को 'बहिष्कृत भारत' नामक पाक्षिक पत्र मराठी में निकाला। अपने पत्र का उद्देश्य प्रकट करते हुए उन्होंने मानव अधिकारों पर जोर दिया। उन्होंने सवर्णो द्वारा तालाब शुद्ध किए जाने की घोर निन्दा की और इसे अस्पृश्य समाज के लिए अपमानजनक बतलाया। उन्होंने उन अछूतों का आह्वान किया जो सवर्णों के इस कार्य को धिक्कारना चाहते थे, उनसे प्रार्थना की गई कि वे अपना नाम 'बहिष्कृत हितकारिणी सभा' के कार्यालय में आकर लिखाएं और सत्याग्रह को और मजबूत करने की तैयारी में जुट जाएं।

डॉ. अम्बेडकर ने गम्भीरतापूर्वक सम्पादकीय लिखे जिसमें वर्णन

किया गया कि अछूत भी हिन्दू हैं तो एक सवर्ण हिन्दू, दूसरे अछूत कहे जाने वाले हिन्दू से इतना भेदभाव क्यों करता है? अछूत भी तालाब, मंदिर, इत्यादि का प्रयोग क्यों नहीं कर सकता? सवर्ण हिन्दुओं के पास इसका जवाब नहीं था। उन्होंने यहाँ तक लिखा कि दलित वर्ग की संख्या को देखते हुए, उसे उस मात्रा में प्रतिनिधित्व प्राप्त नहीं हैं, जितना होना चाहिए। उन्होंने तत्कालीन सरकार पर भी पत्र के माध्यम से दबाव डाला कि अछूतों के लिए बनाए गए नियम–कानूनों का पालन हो रहा है कि नहीं, इस बात की भी जांच होनी चाहिए। जो उनके अधिकारों का हनन करता है, उनको सजा दी जाए।

किन्तु उधर एक तरफ महाड़ नगरपालिका ने सवर्ण हिन्दुओं के दबाव में एक नया फैसला लागू कर दिया जिसके अनुसार जो तालाब अछूतों के सार्वजनिक इस्तेमाल के लिए खोला गया था। वह प्रस्ताव 4 अगस्त, 1927 को निरस्त कर दिया गया। इस प्रस्ताव के विरुद्ध उन्होंने एक समिति की स्थापना की और एक नए सत्याग्रह के लिए 25 और 26 दिसम्बर, 1927 का दिन तय किया।

डॉ. अम्बेडकर के बड़े भाई का निधन

उन्हीं दिनों में अमरावती के अंबादेवी मंदिर में जो विदर्भ में स्थित है। अछूतों का प्रवेश हो या न हो, इस पर भी निर्णय लिए जा रहे थे। इस बात के लिए डॉ. अम्बेडकर की अध्यक्षता में 13 नवम्बर, 1927 को अमरावती में दलित जाति की बैठक की गई। उन्होंने अपने अध्यक्षता में भाषण देते हुए कहा – 'दक्षिण अफ्रीका की वर्ण–भेद की नीति की कटु आलोचना हिन्दू करते हैं, परन्तु अपने देश में वे खुद वर्ण–भेद की नीति पर चलते हैं। हिन्दुत्व पर सवर्ण तथा अवर्ण हिन्दुओं का समान अधिकार है। सार्वजनिक जलाशय पर पानी पीने तथा मंदिर–प्रवेश का अधिकार स्थापित करना हमारा तुरन्त का कार्यक्रम है।'

इस पर जी. एस. खापर्डे जो अंबादेवी मंदिर समिति के अध्यक्ष थे ने डॉ. अम्बेडकर के सत्याग्रह को रोकने के लिए आग्रह किया कि उन्हें तीन महीने का समय दिया जाए ताकि वह एक सुनिश्चित

वातावरण बना सकें। जिससे अछूतों का मंदिर में प्रवेश सुनिश्चित हो सके। उनके आग्रह और विश्वास के कारण सत्याग्रह रोक दिया गया। किन्तु वहीं डॉ. अम्बेडकर को एक दुःखद समाचार मिला कि उनके बड़े भाई बलराम का निधन हो गया है।

पुनः महाड़ आन्दोलन की कोशिश

महाड़ में नगरपालिका ने अछूतों के उपयोग के लिए खुला तालाब पुनः 4 अगस्त, 1927 को बन्द कर दिया था। उसी आन्दोलन के लिए पुनः कोशिश की जाने लगी थी। इसके लिए सैकड़ों प्रतिनिधि सत्याग्रह की तैयारी में कमर कसे हुए थे। जिसके लिए वे 24 दिसम्बर, 1927 को मुंबई से महाड़ को चल पड़े। अगले दिन वे दासगांव रुके। यहाँ हजारों की संख्या में अछूतों ने डॉ. अम्बेडकर का भव्य स्वागत किया। यहाँ से महाड़ लगभग पांच मील की दूरी पर था। जहाँ वे जुलूस की शक्ल में महाड़ पहुँचे। किसी गड़बड़ी की आशंका न हो इसलिए पुलिस सुपरिन्टेन्डेन्ट ने डॉ. अम्बेडकर को सूचित करते हुए जिला मैजिस्ट्रेट से मिलने की हिदायत दी।

डॉ. अम्बेडकर ने ऐसा ही किया। जिला मैजिस्ट्रेट ने ब्यौरा देते हुए कहा कि 'आप सत्याग्रह न करें। क्योंकि सवर्ण हिन्दुओं ने चवदार तालाब खानगी सम्पत्ति होने का कानूनी प्रश्न उठाया है, इसीलिए इस विवाद का निर्णय होने का इन्तजार कीजिए।'

डॉ. अम्बेडकर ने जिला मैजिस्ट्रेट से खुले तौर पर कहा 'हम सत्याग्रह जरूर करेंगे क्योंकि जिस जगह का उपयोग हिन्दू, मुसलमान, ईसाई या पारसी करते हैं तो अछूत लोग क्यों नहीं कर सकते।' अंत में मैजिस्ट्रेट ने समझाते–बुझाते हुए कहा कि उनको परिषद में अपनी यह बात कहने का अवसर दिया जाएगा तो ही डॉ. अम्बेडकर ने उनकी बात का मान रखते हुए स्वीकारा।

उसके अगले दिन हजारों की संख्या में अछूतों ने सत्याग्रही के लिए अपने नाम लिखाए। महाड़ में लगभग 15000 उपस्थित हुए अछूतों को डॉ. अम्बेडकर ने सम्बोधित करते हुए कहा कि हम तालाब पर जाने की जिद इसलिए कर रहे क्योंकि हम भी मनुष्य हैं और औरों

की तरह जीना चाहते हैं। जब शाम को मैजिस्ट्रेट परिषद में आए और कहा कि इस चवदार तालाब खानगी को बारह सवर्णो ने अपनी सम्पत्ति बताया है। इसलिए मामला विचाराधीन है। इसलिए संयम रखते हुए आपको फैसले की प्रतीक्षा करनी चाहिए। यदि ऐसा न किया गया तो कानून की अवमानना करने के जिम्मेदार आप यानी डॉ. अम्बेडकर होंगे। क्योंकि पहली महाड़ सत्याग्रह में दोशियों को सजा हो चुकी है जिन्होंने तब आक्रमण किया था। इसलिए कोर्ट के आदेश तक सत्याग्रह को टाल दें।'

इस पर फिर सभा हुई और डॉ. अम्बेडकर ने कानून का मान रखते हुए कहा कि हम सत्याग्रह स्थगित कर रहे हैं। लेकिन अपने हक के लिए हम खामोश नहीं बैठे रहेंगे और जब तक चवदार तालाब पर हमारा अधिकार स्थापित नहीं हो जाता। यह लड़ाई जारी रहेगी। इस परिषद में कई प्रस्ताव रखे और पास हुए। जिनमें से एक मनुस्मृति के बहिष्कार का था। इसमें एक और जो महत्त्वपूर्ण प्रस्ताव पास हुआ वह था नासिक में स्थित कालाराम मन्दिर प्रवेश सत्याग्रह की घोषणा।

मनुस्मृति का दहन

हालांकि उनकी यह सोच उस समय की उपजी तत्कालीन वातावरण के अनुसार निर्दिष्ट हुई थी। उसी के तहत उन्होंने 25 दिसम्बर, 1927 को महाड़ में मनुस्मृति को आग के हवाले कर दिया था। इससे देश में एक हलचल उत्पन्न हो गई थी। इसी को बखान करते हुए उन्होंने अपनी पत्रिका में एक जगह लिखा था – 'मनुस्मृति विषमता का समर्थन करती है, शूद्र जाति की निन्दा करती है। स्वयं निर्णय के सिद्धान्त को स्वीकार करने वाले व्यक्तियों को यह ग्रन्थ कभी भी स्वीकार्य नहीं होता। अस्पृश्य वर्ग इस ग्रन्थ की मान्यताओं को स्वीकार नहीं करता इसको दिखलाने के लिए ही इसको जलाने का मैंने निर्णय लिया है।'

नासिक में एक बैठक

कालाराम मन्दिर प्रवेश सत्याग्रह के दौरान सवर्णों ने जिस प्रकार

अपनी मानसिकता का परिचय दिया था। उसी से चिन्तित होकर दलितों की एक बैठक सन् 1928 में जनवरी महीने में बुलाई गई। बैठक की अध्यक्षता डॉ. अम्बेडकर के द्वारा ही करायी गई थी। दलितों का निर्णय था कि उनकी बिरादरी के महान संत चोखामेळा का मन्दिर बनवाया जाए। अपनी मंशा को उन्होंने डॉ. अम्बेडकर के सामने रख दिया था। डॉ. अम्बेडकर ने अपने अछूत भाइयों की योजना को अमल में लाने का विरोध करते हुए समझाया कि अपने संतों के नाम से मंन्दिर बनवाने की बजाय हम लोगों को एकभाव से अपने वर्ग पर लगे अस्पृश्यता के कंलक को मिटाने पर जोर देना चाहिए। इस तरह कंलक धोने से ही अपने संतों को सच्ची श्रद्धांजलि मिलेगी जिन्होंने अपने दलित लोगों के लिए समय–समय पर काम किया है। दरअसल उन्हें यह बात इसलिए भी स्वीकार नहीं थी कि वे लोग पहले ही बुरी आर्थिक स्थिति में है। ऐसे में उनके अपने वर्ग पर बहुत बड़ा बोझ आ जाएगा। यही नहीं मूर्तिपूजा की अपेक्षा वे मानवीयता को ज्यादा महत्त्व दिया करते थे।

सामाजिक सुधार व विचार

डॉ. अम्बेडकर , तिलक जिन्होंने 'स्वराज्य हमारा जन्म सिद्ध अधि ाकार है' का नारा दिया था, का काफी सम्मान करते थे। किन्तु उनकी इस बात से सहमत नहीं थे कि देश की आजादी के लिए राजनैतिक सुधार की क्रिया–कलापों को आगे बढ़ाते चलना चाहिए। जबकि डॉ. अम्बेडकर राजनीतिक सुधार से ज्यादा जरूरी समाज सुधार की प्रक्रिया को होना मानते थे। उन्होंने कुछ तर्क से बुझे हुए सवाल सामने रखे थे। जैसे कि क्या दुनिया में ऐसा कोई समाज है, जहाँ अछूत रहते हों और उनकी परछाई पड़ने या उन पर दृष्टि मात्र डालने से कोई गन्दा हो जाता है? दुनिया में क्या कहीं ऐसी भी जनजातियां हैं जो अपराध में लिप्त रहती हों और जहाँ प्राचीन कबीले जंगलों में निर्वस्त्र रहते हों ? उनका मानना था कि ऐसी करोड़ों की संख्या है जो हिन्दू सभ्यता में निवास करती है। यह वाकई सभ्यता है या कोई असभ्यता है ?

डॉ. अम्बेडकर के सवालों से ब्राह्मणवाद बिलबिला गया था। ऐसा हिन्दू समाज जो समाज को रुढ़िवादी ही बने रहने देना चाहता था। जबकि डॉ. अम्बेडकर चाहते थे कि ऐसी सरकार और अधिकार बनें जो मानवीयता के धर्म से जुड़ी हो। इसके लिए उन्होंने कुछ सुझाव भी सुझाये थे –

1. सभी हिन्दुओं द्वारा स्वीकृत हिन्दू धर्म का एक प्रामाणिक ग्रन्थ हो। जैसे कि ईसाइयों, सिखों और मुसलमानों में है। वेद, पुराण, आदि ग्रन्थों का निषेध किया जाना चाहिए।
2. हिन्दुओं का पुरोहितवाद खत्म हो। यदि इसे बरकरार रखना अनिवार्य हो तो उसके लिए पैतृक आधार नहीं हो। सभी पुरोहिताई के लिए समान रूप से अधिकारी हों।
3. लोगों की आवश्यकतानुसार पुरोहितों की संख्या निर्धारित होनी चाहिए।
4. प्रत्येक पुरोहित के पास राज्य द्वारा मान्य धार्मिक तथा उत्सवों को सम्पन्न करने के लिए सनद होनी चाहिए। सनद के अभाव में पुरोहिताई करना दंडनीय हो।
5. पुरोहित एक प्रकार के सरकारी कर्मचारी होना चाहिए। उनकी नैतिकता तथा आस्थाओं का प्रशासन द्वारा मूल्यांकन होना चाहिए। वह किसी भी प्रकार के अशिक्षितों का शोषण नहीं कर सके।

साथ ही साथ उन्होंने खान–पान और अन्तर्जातीय विवाह आदि के बारे में भी सुझाव सुझाये थे। पुरातन व्यवस्था में बदलाव लाने के लिए उन्होंने वेदों और शास्त्रों के प्रति असंतोष जताया। क्योंकि उसमें नैतिकता और बुद्धि का कोई स्थान नहीं है, उसको नष्ट कर देना चाहिए। इन सुधारों की बातों से हिन्दू संगठनों में रोष व्याप्त हो गया था।

ब्रिटिश सरकार का साइमन कमीशन

सन् 1919 के मांटेग्यू–चेम्सफोर्ड योजना में सुधार तथा संशोधन करने के बाद ही ब्रिटिश सरकार ने साइमन कमीशन नियुक्त किया,

जो कि 3 फरवरी, 1928 को मुंबई आकर उतरा। जहाँ–जहाँ से यह कमीशन गुजरा लोगों ने इसे काले झण्डे दिखलाए और इसके विरुद्ध नारे लगाए, 'साइमन गो बैक।' कांग्रेस पार्टी ने भी साइमन कमीशन का पूरा–पूरा बहिष्कार किया था।

सर जॉन साइमन के नेतृत्व में भारत सरकार ने केन्द्रीय असेम्बली द्वारा निर्वाचित सदस्यों की एक सिलक्ट कमेटी बनाई गई। जिसका काम साइमन कमीशन को सहयोग देना था। इसी तर्ज पर प्रान्तीय विषयों पर कमीशन को सलाह देने के लिए प्रान्तीय कौन्सिलों से सिलेक्ट कमेटियां निर्वाचित की गईं। डॉ. अम्बेडकर मुंबई प्रान्त की सिलेक्ट कमेटी द्वारा चुने गए। किन्तु जो रिपोर्ट प्रान्तीय कमेटी ने तैयार की, उस पर मतभेद होने के कारण डॉ. अम्बेडकर ने हस्ताक्षर करना ठीक न समझा और अपनी खुद की बनाई रिपोर्ट पेश की। जिसमें उन्होंने मुस्लिम नेताओं की उन माँगों का विरोध किया जो भारत में मुस्लिम बहुमत प्रान्तों की संख्या बढ़ाने की कोशिश कर रहे थे। उन्होंने मुसलमानों के पृथक निर्वाचन संघ का भी विरोध करते हुए कहा कि पृथक चुनाव तथा साम्प्रदायिक संरक्षण प्रजातंत्र के सिद्धान्त के विरुद्ध है। यही नहीं, उन्होंने संख्या की दृष्टि से सीटों की बात कही और संयुक्त चुनाव में बालिगों के मतदान की भागीदारी की बात भी कही। उनका मत था कि सरकारी नौकरी पर भारतीयकरण होना चाहिए। साथ ही साथ उन्होंने प्रान्तीय मंत्रिमंडल के उत्तरदायित्व होने सम्बन्धी बातों का भी जिक्र किया। इससे एक बात जो जाहिर होती थी वह यह कि उन्होंने अपनी दूरदृष्टि द्वारा मुस्लिम लीग की साम्प्रदायिकता का अधिकाधिक विरोध किया था।

डॉ. अम्बेडकर के ही विचारों का समर्थन करते हुए उनके पत्र ने 'बहिष्कृत हितकारिणी सभा' की ओर से कहा कि सेना, नाविक–दल और पुलिस दल में अछूतों को प्रवेशाधिकार की सुविधा मिलनी चाहिए। इसी से निवेदन भी किया गया था। उसमें उन्होंने संयुक्त चुनाव क्षेत्र और दलित वर्ग के लिए आरक्षित क्षेत्र की मांग की थी। इसके अतिरिक्त उन्होंने कमीशन के सम्मुख एक लम्बी गवाही भी दी। उसमें कहा गया –

1. दलितों को हिन्दू समाज से भिन्न एक स्वतन्त्र जाति माना जाए।
2. दलित वर्ग शिक्षा की दृष्टि से पिछड़ा हुआ, आर्थिक दृष्टि से गुलामी का जीवन जी रहा है, इसे कमीशन ध्यान में रखे।
3. भारत की किसी भी अल्पसंख्यक जाति की तुलना में दलितों को राजनीतिक सुरक्षा की सर्वाधिक जरूरत है।

'महार वतन सुधारक'

विधिमंडल में डॉ. अम्बेडकर बड़ी शिद्दत से भाग लेते थे। इसी में एक विधेयक 19 मार्च, 1928 को प्रस्तुत किया गया। इसमें कहा गया कि दलित वर्षों से गाँव में पारम्परिक काम ही किया करते हैं। जिससे उनकी जीवन–यापन की समस्या बनी ही रहती है। फसल के मौके पर सवर्ण उनको थोड़ा बहुत दे देते हैं। उसी पर उन्हें जैसे–तैसे गुजारा करना पड़ता है। दलितों की यह शोचनीय दशा देखकर ही फैसला किया गया कि इस विधेयक के अर्न्तगत उन्हें सहायता के तौर पर सरकारी खजाने से वेतन दिया जा सकता था। इस विधेयक को 'महार वतन सुधारक' कहा गया था।

अछूत विद्यार्थियों की शिक्षा–व्यवस्था को लेकर संघर्ष

डॉ. अम्बेडकर मुंबई के गवर्नमेंट लॉ कॉलेज में जून, 1928 को प्रोफेसर बने। इसी साल अगस्त, 1928 में उन्होंने 'दलित जाति शिक्षण समिति' की स्थापना की। उनकी इस समिति–योजना का सरकार ने स्वागत किया और हाईस्कूल के अछूत विद्यार्थियों के पांच छात्रालयों की सहायता के लिए वार्षिक अनुदान 9000 रुपया देना स्वीकार लिया। किन्तु खर्चे अधिक होने से यह सरकारी सहायता कम पड़ने लगी तो डॉ. अम्बेडकर ने मानवता के नाम पर ईसाई, मुस्लिम, पारसी और हिन्दू किसी से भी सहायता माँगने से गुरेज नहीं किया। डॉ. अम्बेडकर ने इस बात के लिए भी संघर्ष किया कि स्कूलों में अछूतों को दाखिला नहीं दिया जाता है।

डॉ. अम्बेडकर की अध्यक्षता में अप्रैल, 1929 में रत्नागिरि के दलित जाति परिषद सम्मेलन में जो चिपलूण में हुआ था। उसमें एक ब्राह्मण

सहयोगी की देवराव नाईक ने वैदिक मंत्रों के उच्चारण के साथ हजारों अछूतों को यज्ञोपवीत पहनाए। इस यज्ञोपवीत–संस्कार के कारण सवर्ण वर्ग कुपित भी हुआ था।

इसी तरह जलगांव में भी 29 मई, 1929 को परिषद में डॉ. अम्बेडकर ने सवर्णो को चेतावनी देते हुए कहा कि यदि सवर्णो ने अपनी संकीर्ण सोच अछूतों के प्रति न बदली तो अछूतों को धर्मांतरण भी करने से संकोच न होगा।

डॉ. अम्बेडकर अछूत समाज के लिए कुछ न कुछ करते ही रहते थे। इसी ध्येय के लिए उन्होंने मुंबई में 'समाज समता संघ' की स्थापना भी की थी। इस संघ का कार्य अछूतों के नागरिक अधिकारों के प्रति जागरूक रहना था। उनके कार्यों को देखते हुए दादर के गणेशोत्सव के अध्यक्ष ने पहले ही संघ को सूचित कर दिया कि वे अछूतों को अपने पण्डाल में प्रवेश नहीं करने देंगे, जिसमें मूर्ति स्थापित होनी थी। सार्वजनिक उत्सव को देखते हुए अछूत वर्ग भी इसमें अपनी भागीदारी बनाए रखना चाहता था। इसलिए मूर्ति–स्थापना के दिन सैकड़ों की संख्या में जुट गए और पण्डाल में जाने की मांग करने लगे। आयोजक उन्हें रोकने की भरपूर कोशिश करने लगे। आखिर में, सहायता के लिए पुलिस बुलाई गई, परन्तु अछूत वर्ग अपनी जिद में अड़ा रहा और उनकी बढ़ती भीड़ को देखते हुए आयोजकों ने भी हारकर सार्वजनिक उत्सव में अछूतों को शामिल कर लिया था।

यह विचित्र स्थिति थी कि अपने मानवीय नागरिक अधिकारों के लिए लड़ते हुए डॉ. अम्बेडकर को बहुधा अपमानित होना पड़ता था। यह अपमान उन्हें समाज के छोटे–बड़े सवर्ण कहलाने वाले लोगों द्वारा मिलता ही रहता था। डॉ. अम्बेडकर उस मीटिंग के सदस्य थे जो कि मुंबई सरकार ने अछूतों तथा आदिवासियों की सामाजिक, आर्थिक व शैक्षणिक की उन्नति व समाज में उनकी जांच करने व सुझाने के लिए बनाई थी। इस कमेटी के दो अन्य सदस्य डॉ. सोलंकी और ए.व्ही. ठक्कर भी थे। इस कमेटी से एक अछूत ने शिकायत की कि उनके बेटे को स्कूल में कक्षा के अन्दर न बिठाकर बरामदे में बैठना पड़ रहा है। डॉ. अम्बेडकर कमेटी मेम्बर की हैसियत से जांच करने

पहुँचे तो स्कूल के हेडमास्टर ने उन्हें भी स्कूल के भीतर आने से रोक दिया था।

ऐसी ही एक अपमानजनक घटना खानदेश के दौरे पर भी हुई। 23 अक्टूबर, 1929 को वह चालीसगाँव पहुँचे जहाँ दलित समाज ने तो उनका भव्य स्वागत किया किन्तु स्टेशन से एक तांगेवाले ने उनको अपने तांगे में बिठाने से मना कर दिया। एक तांगेवाले ने अजीब शर्त रखी कि उसका तांगा कोई अछूत चलाए तो वह पैदल चल लेगा। आखिर एक अछूत ने तांगे पर डॉ. अम्बेडकर को बिठाकर स्वयं लगाम थाम ली परन्तु घोड़ा भड़क उठा जिससे तांगा उलट गया। इस कारण डॉ. अम्बेडकर बुरी तरह से जमीन पर आ गिरे। जिससे उनके दाएं पैर की एक हड्डी टूट गई। यह चोट कुछ दिन के आराम से ठीक तो हो गई किन्तु पैर में नुक्स आजीवन बना रहा।

नासिक अभियान

सन् 1927 में महाड़ सत्याग्रह गजब का आन्दोलन साबित हुआ था। सन् 1930 में मन्दिरों में अछूतों के प्रवेश को लेकर डॉ. अम्बेडकर के तेवर में भी वही बानगी दृष्टिगत होती नजर आ रही थी। 2 मार्च, 1930 का यह दिन वही दिन था, जिस दिन गाँधीजी ने सविनय अवज्ञा आन्दोलन प्रारंभ करने की सूचना वायसराय लार्ड इर्विन को एक पत्र द्वारा देकर एक ऐतिहासिक आन्दोलन की शुरुआत की थी। यही वह दिन भी था जब डॉ. अम्बेडकर भी एक ऐतिहासिक दिन का निर्माण करने जा रहे थे। उन्होंने मन्दिरों पर सवर्णों के एकाधिकार को चुनौती देते हुए अछूतों के प्रवेशाधिकार के लिए आन्दोलन शुरू किया। नासिक के प्रसिद्ध कालाराम मन्दिर में प्रवेश और पूजा करने का व्रत लिया गया।

एक तरफ गाँधीजी भारतीयों की राजनीतिक स्वतंत्रता के लिए संघर्ष कर रहे थे। दूसरी तरफ डॉ. अम्बेडकर अछूतों की सामाजिक आजादी के लिए संघर्ष कर रहे थे। एक का आन्दोलन पूरे भारतवर्ष के लिए, सम्पूर्ण भारतीयों के लिए था। दूसरे का आन्दोलन भारत के भीतर एक हिस्से में चंद अछूतों के लिए था। किन्तु जो भी हो दोनों

का उद्देश्य समान था। नासिक मन्दिर के लिए जबरदस्त सत्याग्रह शुरू हो गया था। इसके लिए पहले डॉ. अम्बेडकर ने अछूतों की एक सभा की, उसके बाद दोपहर तीन बजे अछूतों का एक बड़ा जुलूस जो कि कतारों में बंधा और अनुशासित था कालाराम मन्दिर की ओर चल पड़ा।

सभा के सेक्रेटरी गायकवाड़ ने कालाराम मंदिर के ट्रस्टियों को अपने इरादों से परिचय करा दिया था कि अमुक दिन वे लोग मंदिर में राम के दर्शन करेंगे। मन्दिर के व्यवस्थापकों ने मंदिर के सभी दरवाजे अछूतों के लिए बन्द कर रखे थे। अछूतों का जुलूस जो कि एक मील लम्बा था। उसके आगे सैनिकों का बैण्ड बज रहा था। उसके पीछे स्काउट दल था। उसके पीछे 500 महिलाएं थीं। जुलूस अनुशासनबद्ध धीमी गति से मन्दिर के पूर्वी द्वार की ओर बढ़ता जा रहा था।

सनातनियों में हलचल थी और वे अछूतों के इस सत्याग्रह को विफल कर देना चाहते थे। उन्होंने अपनी तरफ से हर तरह की कोशिश कर रखी थी। जैसे ही जुलूस निकट आया वैसे ही जिलाधीश, सिटी मजिस्ट्रेट और पुलिस अधीक्षक बन्द कर दिए गए। जिस कारण यह जुलूस गोदावरी घाट पर जाकर एक सभा के रूप में तब्दील हो गया और सत्याग्रह की शपथ–ग्रहण की घोषणा की जाने लगी।

रात के ग्यारह बजे के आस–पास पुनः नेताओं ने उस समय की स्थिति का जायजा लिया और तय किया कि अहिंसात्मक तरीके से मन्दिर के दरवाजे पर प्रदर्शन किया जाएगा। अगले दिन सुबह 125 पुरुष और 25 औरतों का प्रथम दल मन्दिर के चारों द्वारों पर तैनात कर दिया गया। यह तैनात दल स्वरबद्ध गीत–भजन गाते बैठे रहे। जबकि आठ हजार सत्याग्रही वहीं अपनी बारी की प्रतीक्षा करने लगे। इस प्रकार प्रतिदिन सत्याग्रह होता रहा और भगवान के इन भक्तों के लिए मंदिर के द्वार व्यवस्थापकों द्वारा बन्द ही रखे गए। बीच–बीच में सत्याग्रही जोश में आकर मन्दिर की ओर बढ़ने लगते थे। इस पर वहाँ तैनात पुलिसबल उन्हें सावधान भी करता रहता था। तब मन्दिर को

एक ओर हथियारबन्द पुलिस भी घेरे हुए थी। प्रथम श्रेणी के दो मजिस्ट्रेट भी सुबह से उपस्थित थे। इतना ही नहीं पुलिस अधीक्षक रेनाल्ड ने अपना कार्यालय मन्दिर के सामने टैंट में लगा लिया था।

ऐसी जबरदस्त टकराव की स्थिति में मन्दिर खुलने का सवाल ही नहीं उठता था। धीरे–धीरे यह समस्या गम्भीर होती जा रही थी। उधर, सवर्ण हिन्दुओं की तरफ से एक सभा शंकराचार्य ने भी की थी।

स्थिति में संघर्ष की समस्या बढ़ती जा रही थी। एक माह से भी ज्यादा यह संघर्ष खिंचता चला गया था। आखिर 9 अप्रैल, 1930 रामनवमी का दिन आया। इस दिन श्री राम की रथ–यात्रा उनके भक्तों द्वारा निकाली जाती थी। सुसज्जित रथ तो मंदिर के सामने खड़ा हो गया था। सवर्ण हिन्दू विकट समस्या से घिरे थे। इस दिन यात्रा निकालनी भी जरूरी थी। ऐसी स्थिति में सिटी मजिस्ट्रेट ने एक समझौता कराया। जिसे दोनों पक्षों ने फिलहॉल मान लिया था। तय हुआ कि सवर्ण और सत्याग्रहियों दोनों ओर से कुछ व्यक्ति मिलकर रथ को खींचेंगे।

हजारों की तादाद में इकट्ठे हुए लोग इस दृश्य को देखना चाहते थे। डॉ. अम्बेडकर अपने कुछ साथियों के साथ मन्दिर के द्वार पर खड़े थे। इससे पहले की डॉ. अम्बेडकर और उनके साथी रथ तक पहुँच पाते। सवर्णो में उपस्थित कुछ उपद्रवियों ने मारामारी शुरू कर दी। इस पर दूसरा सवर्ण दल रथ को खींच ले चला था। पुलिस पहले से ही ऐसी–वैसी स्थिति के लिए तैयार खड़ी थी। उनकी तरफ से डण्डे चलने लगे और दूसरी ओर से पत्थर भी बरसने लगे। बहुत से लोग घायल गिरने–पड़ने लगे।

दलित जाति के नेता श्री दादासाहेब गायकवाड़ ने डॉ. अम्बेडकर से कहा, 'आपका जीवन खतरे में पड़ सकता है। आप फौरन यहाँ से निकल जाएं, मोटर खड़ी है।'

डॉ. अम्बेडकर ने निर्भयता पूर्वक जवाब दिया, 'मैं एक बहादुर सैनिक का पुत्र हूँ, कायर नहीं हूँ। मेरा चाहे जो हो, मैं मौत के भय से यहां से हट नहीं सकता। दूसरों को खतरे में डालकर अपनी जान बचाने वाला मैं नहीं हूँ।'

रथ एक संकरे रास्ते पर खड़ा था। उस तंग रास्ते पर सशस्त्र पुलिस भी तैनात खड़ी थी। ताकि कोई अछूत रथ के करीब न आने पाए। इसी का फायदा उठाकर सवर्ण लोग रथ को खींच ले चले थे। किन्तु अछूत लोग भी अपनी बात पूरी करने पर तुले हुए थे। ऐसे में कुछ अछूत लोग हथियारबन्द पुलिस की पंक्ति में से जगह निकालकर रथ तक पहुँच गए थे। जिससे कुपित होकर सवर्ण लोगों ने इन अछूतों पर हमला कर दिया। जब डॉ. अम्बेडकर वहाँ अपने सहयोगियों के साथ पहुँचे तो उन्हें भी पत्थर मारे गए, जिससे उनके चोटें भी आईं। कई अछूतों को अपने नेता का यह हाल देखा न गया और वे डॉ. अम्बेडकर को घेरकर खड़े हो गए और बड़ी मुश्किल से घेरे में लेकर उन्हें बचा पाए। पूरे दिन सवर्णो और अछूतों में संघर्ष की जोर–आजमाइश होती रही। उस पर भी सत्याग्रह जारी रखा गया।

इस संघर्ष का परिणाम यह हुआ कि जो अछूत बच्चे स्कूल जाते थे। उन्हें स्कूल से निकाल दिया गया। गाँवों में रहने वाले अछूतों से बदसलूकी की जाने लगी। कुछ सड़कें उनके लिए बन्द कर दी गईं। निराश अम्बेडकर मुंबई लौट गए। किन्तु सत्याग्रह अभी चालू था। सनातनियों ने भी मन्दिर को एक वर्ष तक बन्द रखा। सवर्ण जब भी रथयात्रा करने की कोशिश करते, अछूत सत्याग्रही भी अपने आन्दोलन की घोषणा कर डालते। सवर्णो के पास जब कोई चारा नहीं रहा तो उन्हें बिना रथ के ही सिर्फ मूर्ति ले जाने की प्रशासन से इजाजत मिली। परन्तु सन् 1931 में इस पर भी रोक लगा दी गई। फिर 1933 में रथ के बिना मूर्ति ले जाने की इजाजत दे दी गई। अछूत सत्याग्रहियों के आन्दोलन के कारण आखिरकार मन्दिर प्रवेश का कानून बन ही गया। जो अक्टूबर, 1935 में लागू हुआ और कालाराम मंदिर के दरवाजे अछूतों के लिए खुले।

भारत में गाँधीजी सत्याग्रह के अगुवा थे। उनका बड़ा नाम था। अतः मन्दिर प्रसंग पर उनसे भी प्रार्थना की गई थी कि वह दलितों के सत्याग्रह को अपना समर्थन देकर उनके न्याय के हक पर उनके आन्दोलन को तेजी प्रदान करें। किन्तु गाँधीजी ने न तो उनके प्रस्ताव को माना और न ही उनके आन्दोलन के फैसले को सही करार दिया।

उनका कहना था कि अपनी धरती पर अपने लोगों के विरुद्ध सत्याग्रह करना ठीक नहीं है। यह आन्दोलन तो विदेशी लोगों के विरुद्ध किया जाना चाहिए। यह कथन गाँधी जी और अम्बेडकर की सोच को भिन्न रूप में दर्शाता था।

राजनीतिक गतिविधियों के लिए प्रयास तेज

डॉ. अम्बेडकर ने 'मूकनायक' और 'बहिष्कृत भारत' में अपने लेख और तेजस्वी शब्दों की धारदार वाणी से हजारों–हजार लोगों को प्रभावित करके अपने इर्द–गिर्द जुटा लिया था। यह वे लोग थे जिनके लिए वह पूरे उच्चवर्गों के लोगों से लड़ रहे थे। वह भी ऐसे समय में जब गाँधी जी की तूती सारे हिन्दोस्तां में बोल रही थी। वे राजनैतिक हैसियत से अंग्रेजों के विरुद्ध अहिंसात्मक रूप से अनोखी लड़ाई लड़ते हुए सारे हिन्दुस्तान में छा गये थे। जबकि डॉ. अम्बेडकर समाज में विकृत व्यवस्था के खिलाफ लड़ रहे थे।

डॉ. अम्बेडकर ने अपनी शुरुआती लड़ाई में जो महत्त्वपूर्ण उपलब्धि हासिल की थी। उसमें उल्लेखनीय थीं – महाड़ का चवदार तालाब, मनुस्मृति दहन और कालाराम मन्दिर सत्याग्रह। इन तीनों घटनाओं ने डॉ. अम्बेडकर को अपने समाज का सिरमौर बना दिया था। वहीं देश के राजनीतिज्ञों और शासकों का ध्यान भी अपनी ओर खींचा था। उनके तेजस्वीपूर्ण वक्तव्य–भाषणों ने समय–समय पर देश के पुरोधा विद्वानों को भी आकर्षित किया था।

उन दिनों साइमन कमीशन का विरोध किया जा रहा था। डॉ. अम्बेडकर का ध्यान भी अब राजनैतिक दिशा की ओर खिंचा चला जा रहा था। उन्होंने जुलाई–अगस्त के विधानसभा के सत्र में भी भाग लिया था

डॉ. अम्बेडकर ने रूस, हंगरी, युगोस्लाविया आदि देशों का उदाहरण देकर भारत के बारे में टिप्पणी की थी कि जब ये देश विभिन्न भाषा, विभिन्न जाति और विभिन्न संस्कृति के मिले–जुले रूपों में होते हुए भी एक हैं तो भारत में ऐसा संभव क्यों नहीं है?

उनका मानना था कि वह कोई देश जो दूसरे देश पर राज्य करता है ठीक नहीं है। ऐसे ही कोई वर्ग जो दूसरे वर्ग पर राज करता हो,

वह भी ठीक नहीं माना जाएगा क्योंकि हरेक व्यक्ति को समान अवसर होने चाहिए। सभी के विकास से देश व जाति का विकास सम्भव है। उन्होंने अछूतों के संरक्षण की भी मांग की। उनकी दृढ़ धारणा थी कि जब तक सामाजिक आधार पर समाज में समानता स्थापित नहीं हो जाती तब तक किसी प्रकार का विकास सम्भव नहीं है।

उधर सरकार के खिलाफ आन्दोलन तेज होते जा रहे थे। गाँधी के दांडी मार्च ने उसे और उग्र कर दिया था। डॉ. अम्बेडकर की दृष्टि से यह क़दम उपयुक्त नहीं था। बेशक यह भी एक क्रान्ति थी। वह सामाजिक जीवन में क्रान्ति की बात पर जोर दे रहे थे। क्योंकि कोरे परिवर्तन से दलित वर्ग को कोई लाभ नहीं होना है। वह सामाजिक जीवन में परिवर्तन चाहते थे। उन्होंने कांग्रेस पर यह दोषारोपण भी किया कि उसने अछूतों को उनके अधिकार दिलाने तथा उनकी स्थिति सुधारने में कोई क्रान्तिकारी क़दम नहीं उठाया।

उनकी दृष्टि में कांग्रेस एक राष्ट्रीय आन्दोलन है न कि राजनीतिक दल। डॉ. अम्बेडकर समाज में फैली रूढ़ परम्पराओं, अन्धविश्वासों और असमानताओं को पहले खत्म कर देना चाहते थे। वह चाहते थे कि समाज शिक्षित हो, उसे अपने भले–बुरे की पहचान हो, यह आवश्यक है। इसलिए वह सामाजिक, आर्थिक और राजनीतिक विकास के पक्षधर थे।

उनकी स्पष्ट वाणी के कारण कई लोग उन्हें देशभक्त नहीं मानते थे। इस पर उन्होंने स्पष्ट कहा था – 'मैं मानता हूं कि उच्च कहे जाने वाले हिन्दुओं के साथ मेरा कुछ बातों में मतभेद है। लेकिन मैं आपके सामने प्रतिज्ञा करता हूँ कि अपने देश की रक्षा के लिए मैं अपनी जान भी दे दूंगा।'

राजनीति में पूर्णता से प्रवेश

डॉ. अम्बेडकर अब तक अपने किए गए सामाजिक कार्यों से जान चुके थे कि हिन्दू समाज में जिन लोगों को मानवीय अधिकार दिलाने के लिए वे संघर्ष कर रहे हैं। उन्हें मानवीय अधिकार दिला पाना संभव नहीं है। सदियों से बैठी मानस में छुआछूत की परम्परा चंद महीनों या

चंद सालों के प्रयास से घुलने वाली नहीं थी कि उनके चाहने–समझाने से वह मानसिकता में परिवर्तन ला सकें। दलित अपने मानवीय अधिकारों से अन्जान थे अथवा उन्हें देवकृत समझते थे और सनातनी थे कि उन्हें वे अधिकार देना नहीं चाहते थे। जो एक मानव होने के नाते उसे सहज प्राप्त होने चाहिए थे। इन मानवीय अधिकारों को वह राजनीति में सक्रिय भूमिका निभाकर ही पाया जा सकता है। इस निष्कर्ष से वह समझ गए थे कि जब तक दलितों की राजनीति में सक्रियता नहीं होगी तब तक उन्हें अधिकार भी प्राप्त नहीं हो सकते।

यह वह समय था जब अप्रैल, 1929 में साइमन कमीशन भारत की स्थिति पर अपना कार्य पूरा कर चुका था और उसकी रिपोर्ट मई, सन् 1930 में प्रकाशित हुई।

इसके पूर्व अप्रैल, 1929 से पहले ही गाँधीजी की अध्यक्षता में विदेशी वस्त्रों की होलियां जलनी शुरू हो गई थीं। इसके कारण गांधीजी पर मुकदमा चला और बाद में आरोप सिद्ध होने पर एक रुपया जुर्माना भी किया गया। एक तरफ देश के बड़े नेताओं को जेल में डाला जा रहा था। दूसरी तरफ बंगाल और मुंबई के हजारों–लाखों मजदूर हड़ताल पर चले गए थे। देश के हालात अत्यन्त नाजुक स्थिति में हो चले थे। 31 अक्टूबर को वायसराय ने इस पर अपना वक्तव्य देकर स्पष्ट किया कि वे औपनिवेशिक स्वराज्य भारत को दे देंगे। उसके लिए गोलमेज सम्मेलन किया जाएगा, जिसमें सविस्तार से औपनिवेशिक राज्यों के बारे में चर्चा होगी। इसके लिए उन्होंने गाँधीजी को बातचीत के लिए निमंत्राण दिया। परन्तु कोई बात न बन सकी। दांडी आन्दोलन के कारण ब्रिटिश सरकार के पाँव उखड़ने को हो रहे थे।

भारत की जनता के रवैये को देखते हुए ब्रिटिश सरकार ने गोलमेज सम्मेलन बुलाने का फैसला कर लिया था। जिससे भारतीय नेताओं से बातचीत की जा सके और वे सब नेता लोग भारत के लिए संविधान बना सकें। इस आशय से तत्कालीन वायसराय ने अन्य कई नेताओं की तरह 6 सितम्बर, 1930 को डॉ. अम्बेडकर को कॉन्फ्रेंस में सम्मिलित होने का निमन्त्रण दिया। एक अछूत नेता को गोलमेज सम्मेलन के लिए निमन्त्रण मिलना एक अभूतपूर्व ऐतिहासिक घटना थी।

2 अक्टूबर, 1930 को अछूतों की ओर से उन्हें शानदार पार्टी दी गई। पार्टी के अध्यक्ष डॉ. पुरुषोत्तम सोलंकी ने उनकी प्रशंसा करते हुए विश्वास जतलाया कि उनके प्रति देश की जनता आश्वस्त है और सम्मान स्वरूप मानपत्र तथा थैली भेंट करते हुए शुभकामनाएं प्रकट कीं। डॉ. अम्बेडकर ने स्वागत पर आभार जताते हुए विश्वास दिलाया कि वे दलित वर्ग की समस्या रखेंगे और जरूरत पड़ी तो इस समस्या के हल के लिए लीग ऑफ नेशंस में भी इस प्रश्न को उठाएंगे।

कांग्रेस इस कॉन्फ्रेंस का बहिष्कार कर चुकी थी। उसने नारा दिया था – 'कौन्सिल में जाना हराम है', किन्तु डॉ. अम्बेडकर जानते थे कि दलितों का कल्याण करना है तो कौन्सिल में भाग लेना होगा अन्यथा दलितों के हक कुचल दिए जाएंगे। इस पर गाँधी जी के अनुयायी उन दिनों नारा उछाल रहे थे –

'कौन्सिल में कौन जाएगा
घेड़ जाएगा, चमार जाएगा'

इतनी आपत्तिजनक टिप्पणियों पर टाइम्स ऑफ इंडिया को भी इन घोषणाओं के विरोध में अग्रलेख लिखना पड़ा था। इस पर डॉ. अम्बेडकर ने भी प्रतिक्रिया जाहिर करते हुए कहा – 'कांग्रेस वाले कहते हैं कि वे जाति को भूलकर केवल मनुष्यता पर विश्वास रखते हैं। तो फिर ये नारे कैसे दिए गए? इस देश का हिन्दू समाज आज भी यह मानता है कि यहाँ केवल हिन्दू–मुस्लिम की ही समस्या है। दलितों की भी अपनी कोई समस्या है इसे वे सुनना भी नहीं चाहते। इस कारण भविष्य में इस देश का जो भी संविधान बनेगा, उसमें दलितों को सुरक्षा की गारंटी अवश्य मिलनी चाहिए। इस देश की निर्णय–प्रक्रिया में उन्हें सम्मिलित किया जाना चाहिए। मैं दलितों के राजकीय शूद्रत्व को दूर तो करूंगा ही परन्तु इसके साथ ही रक्त की अन्तिम बूंद तक संघर्ष करते हुए उनमें आत्मसम्मान का अहसास पैदा करूंगा। भविष्य में हिन्दुओं के सामाजिक, राजनैतिक और आर्थिक वर्चस्व को चलने नहीं दूंगा।'

गोलमेज सम्मेलन

4 अक्टूबर, 1930 को 'वायसराय ऑफ इंडिया' नामक जहाज से डॉ. अम्बेडकर लंदन रवाना हो गए थे। परन्तु कांग्रेस नहीं चाहती थी कि उन नेताओं के माध्यम से जो उन्हें मान्य नहीं हैं, उनसे ब्रिटिश सरकार भारत की समस्याओं पर बातचीत कर समाधान कर सके। उन पर सुभाषचन्द्र बोस जैसे गरिमावान नेता ने भी आक्षेप उठाया था।

गोलमेज परिषद में ब्रिटिश भारत के 53 रियासती भारत के 20 और ब्रिटिश दलों के 16 प्रतिनिधि, इस प्रकार 86 प्रतिनिधि शामिल हुए। इसमें सप्रू–जयकर जैसे निर्दलीय नेता, जिन्ना–मुंजे जैसे साम्प्रदायिक नेता, सर रामास्वामी अय्यर, सर ईस्माइल मिर्जा जैसे रियासतों के दीवान, कई रियासतों के महाराज और डॉ. अम्बेडकर सहित श्रीनिवासन जैसे दलित जाति के नेता शामिल हुए। ईसाई, एंग्लोइण्डियन और सिख, सबके प्रतिनिधि सम्मिलित हुए।

1930 की पहली गोलमेज परिषद का उद्घाटन इंग्लैड के बादशाह जॉर्ज पंचम ने किया। उन्होंने आशा व्यक्त की कि यहाँ पर निस्सन्देह सर्वसम्मति से भारत सरकार के भावी रूप पर विचार हो सकेगा। उनके संक्षिप्त भाषण के बाद कॉन्फ्रेंस का अध्यक्ष ब्रिटिश प्रधानमंत्री रम्जे मैक्डोनाल्ड को चुना गया, जिनकी अध्यक्षता में 12 नवम्बर, 1930 को गोलमेज सम्मेलन आंरम्भ हुआ। 17 से 21 नवम्बर तक भारत के प्रतिनिधियों के भाषण होते रहे। इनमें सर तेज बहादुर सप्रू, डॉ. मुंजे, जिन्ना, मुकुन्दराव जयकर और डॉ. अम्बेडकर के भाषण विशेष उल्लेखनीय थे।

डॉ. अम्बेडकर ने कहा– 'मैं जिन अछूतों के प्रतिनिधि के रूप में यहाँ उपस्थित हुआ हूँ। उनकी संख्या हिन्दुस्तान की कुल जनसंख्या का पाँचवां भाग है, अर्थात ब्रिटेन और फ्रांस की कुल संख्या के बराबर है। ऐसे भारत की कुल जनसंख्या के एक बटा पाँचवे भाग के लोगों के प्रतिनिधि की हैसियत से मैं यहाँ आया हूं। जिनकी दशा गुलामों से भी बदतर है और घृणित और पशुवत जीवन–यापन कर रहे हैं। गुलामों के मालिक उनको छूते थे, परन्तु हमें छूना भी पाप समझा जाता है। वह सदियों से शोषित है और उपेक्षित होता आ रहा है। सरकारें बदलीं, राज्य बदले, परन्तु दलितों का भाग्य बद से बदतर ही

होता चला गया। ब्रिटिश राज्य से पहले अस्पृश्यता के कारण हम घृणित अवस्था में थे। ब्रिटिश सरकार ने हमारी हालत सुधारने के लिए क्या कुछ किया? पहले हम गांव के कुएं से पानी भर नहीं सकते थे, आज भी वही स्थिति है। क्या ब्रिटिश सरकार ने हमें वह अधिकार दिलाया? ब्रिटिश राज्य से पूर्व हम मन्दिरों में नहीं जा सकते थे और आज भी मन्दिरों के द्वार हमारे लिए बन्द है। फिर ब्रिटिश सरकार ने हम अछूतों के अधिकार के लिए क्या किया? पहले हमें पुलिस विभाग में भर्ती नहीं किया जाता था। क्या अब ब्रिटिश सरकार हमें पुलिस में भर्ती करती है? पहले भी हमें सैनिक–सेवा में भर्ती नहीं किया जाता था। क्या अब सेना में सेवा करने का मौका दिया जाता है?'

इन प्रश्नों में से किसी का भी उत्तर 'हाँ' में नहीं दिया जा सकता। डेढ़–सौ वर्ष के ब्रिटिश राज्य में हमारी हालत पहले जैसे थी, वैसी ही बदस्तूर जारी है। ऐसी सरकार से हमारा क्या भला होगा? आज अछूत भी वर्तमान सरकार के स्थान पर जनता के लिए जनता का राज्य चाहते हैं। मजदूर और किसानों का शोषण करने वाले पूंजीपति और जमींदार की रक्षक सरकार हम नहीं चाहते। अपने दुःख हम स्वयं दूर करेंगे। इसके लिए हमारे हाथों में सत्ता की बागडोर होनी चाहिए। क्योंकि यह वह सरकार थी जिसने पूंजीपतियों पर ध्यान दिया, जमींदारों का ख्याल रखा परन्तु जिसने मजदूर व दलितों की ओर मुंह नहीं मोड़ा। वे पहले भी शोषित होते रहे और उपेक्षित ही बने रहे। वे सामाजिक कुरीतियों और अन्धविश्वासों के अन्धेरे में गिराते और ढकेले जाते रहे। ब्रिटिश सरकार चाहती तो कानून के द्वारा उनकी रक्षा कर सकती थी। लेकिन उसने ऐसा नहीं किया। जबकि उन्हें चाहिए था कि सामाजिक–आर्थिक स्थिति में उसी प्रकार बदलाव लाए जाएं जिस प्रकार राजनीतिक स्थिति में किए जाते रहे हैं। ऐसी स्थिति में कोई भी संविधान काम नहीं कर सकता जब तक कि वह बहुमत द्वारा स्वीकार्य न हो। वह समय बीत गया, जब आप हुक्म चलाकर फैसला करते थे और भारत उसे स्वीकार करता था। अब वह समय लौट गया और न अब कभी लौट सकता है।'

उन्होंने अपने भाषण में औपनिवेशिक स्वराज्य की मांग का समर्थन किया और ऊंच–नीच के भेदभावपूर्ण हिंदू समाज की पद्धति का उल्लेख करते हुए कहा कि भारत में एक ऐसे खास विधान की जरूरत

है, जिससे प्रतिकूल परिस्थिति में भी अछूत समाज उन्नति कर सके।

डॉ. अम्बेडकर ने इस वक्तव्य से पूर्व गोलमेज सम्मेलन की अल्पसंख्यक सम्बन्धी समिति को एक पत्र भी दिया था, जिसमें अल्पसंख्यक लोगों की भलाई के लिए नये संविधान में जो अधिकार उन्हें दिए जाने आवश्यक बताये गये। वे निम्न थे –

1. समान मूल अधिकार।
2. भेदभावपूर्ण व्यवहार के विरुद्ध संरक्षण।
3. समाजिक बहिष्कार करने वालों को कड़े दण्ड की व्यवस्था।
4. सरकारी नौकरियों में उनका स्थान सुरक्षित।
5. उनकी उन्नति के लिए अलग विभाग।
6. विधान–सभाओं में भी उनके लिए सुरक्षित स्थान।
7. शोषणोन्मुक्ति की ओर ध्यान।

इन खास मुद्दों के पीछे उनका खास उद्देश्य था कि संविधान में इस प्रकार की व्यवस्था हो जाने से कट्टरपंथी संभल जाएं और वे अपने व्यवहार व नजरिएं में परिवर्तन ला सकें।

बहरहाल, डॉ. अम्बेडकर के भाषण ने कदाचित सभी को प्रभावित किया था। उनके भाषण में मार्मिकता का पुट था और परिस्थितियों की तर्कपूर्ण स्पष्ट विवेचना थी। उनके भाषण का सारांश यह था कि उनके ईमानदारी और ओजस्वीपूर्ण भाषण ने इसे एक ऐतिहासिक व अत्यन्त प्रभावशाली बना दिया था। इंग्लैड के प्रधानमंत्री मैकडोनाल्ड ने भी इस भाषण की अत्यधिक तारीफ की थी।

भावी शासन–विधान के बुनियादी सिद्धान्तों की रूपरेखा निश्चित करने के लिए गोलमेज परिषद ने 9 उप–समितियां नियुक्त की थीं। जिनमें से अधिकांश समितियों का डॉ. अम्बेडकर को सदस्य नियुक्त किया गया था। डॉ. अम्बेडकर ने परिश्रमपूर्वक दलित जाति के राजनीतिक संरक्षण की योजना का स्मरण–पत्र तैयार करके अल्पमत उपसमिति को पेश किया। इसमें दलित जाति के लिए पृथक चुनाव, पृथक निर्वाचन संघ तथा सुरक्षित सीटों की मांग की गई थी। यही आगे चलकर गाँधीजी और अम्बेडकर के बीच संघर्ष का कारण बनकर उभरी थी।

स्मरण–पत्र में अस्पृश्यता को खत्म करना, अछूतों को नागरिक

अधिकार व नौकरियों में प्रवेशाधिकार इत्यादि पर जोर दिया गया था। इसमें यह भी कहा गया कि दलित जाति को अवर्ण हिंदू या प्रॉटेस्टेन्ट हिन्दू कहा जाए।

इतना ही नहीं डॉ. अम्बेडकर ने विदेशी पत्रों में लेख लिखे, संवाददाताओं को मुलाकातें देकर, सभाओं में हिंदू समाज के भेदभाव व पक्षपातपूर्ण रवैये का पर्दाफाश किया। इसमें कोई दो राय नहीं कि हिन्दुस्तान की तरह विदेशों के प्रतिनिधि भी उनकी योग्यता से अभिभूत हो गए थे। इस तरह उन्होंने हिंदू समाज की अस्पृश्यता की ओर सारे संसार का ध्यान आकर्षित किया था। इस गोलमेज परिषद में हिन्दू और मुस्लिम समझौता न हो सका और इस तरह 19 जनवरी, 1931 को परिषद का पहला अधिवेशन समाप्त हुआ। 13 फरवरी, 1931 को डॉ. अम्बेडकर लंदन से रवाना हुए और 27 फरवरी, 1931 को मुंबई लौटे।

'अम्बेडकर सेवा दल' तथा अछूत जनता ने डॉ. अम्बेडकर का जोरदार स्वागत किया। उनके आगमन पर महाराष्ट्र और भारत के अनेक समाचार पत्रों ने उनकी प्रंशसा में कोई कसर नहीं छोड़ी थी। डॉ. अम्बेडकर के प्रयत्नों का परिणाम रहा होगा कि मुंबई सरकार ने पुलिस विभाग में अछूतों को भरती किए जाने की घोषणा की थी।

इन्हीं दिनों जब डॉ. अम्बेडकर दलित जाति के छात्रालय का प्रबन्ध देखने अहमदाबाद गए थे। तब स्टेशन पर कुछ कांग्रेसियों ने उनको काले झण्डे दिखाए।

अम्बेडकर और गाँधीजी के विचारों में संघर्ष

26 जनवरी, 1931 को कांग्रेस के नेता जेल से रिहा हुए। 5 मार्च, 1931 को गाँधी–इर्विन समझौता हुआ था। जिसके कारण सविनय अवज्ञा आन्दोलन स्थगित कर दिया गया और गाँधीजी ने दूसरी गोलमेज परिषद में शामिल होना स्वीकार कर लिया था। 14 अगस्त, 1931 को डॉ. अम्बेडकर मणिभवन के 'अम्बेडकर विशेषांक' में दिया गया है।

गाँधी जी ने पूछा – 'आपका कहना क्या है?'

डॉ. अम्बेडकर ने कहा,'मैं आपकी बात सुनने आया हूँ। आप ही

ने मुझे बुलाया है।'

गाँधी जी – 'कांग्रेस और मेरे सम्बन्ध में, सुना है आपकी कई शिकायतें हैं।'

इस पर डॉ. अम्बेडकर खामोश रहे। गाँधीजी ने कहा, 'तुम्हारा जब जन्म भी नहीं हुआ था, तब से मैं अछूतों के प्रश्न पर काम कर रहा हूँ। अपनी शिकायत स्पष्ट रूप से कहो।'

डॉ. अम्बेडकर – आपका यह कहना सही है कि मेरे जन्म के पूर्व से आप अछूतों के लिए काम कर रहे है। उसमें आप मुझसे बड़े है, परन्तु अस्पृश्यता निवारण के कार्य को औपचारिक मान्यता के अलावा आपने और कांग्रेस ने कुछ भी नहीं किया है, यह मेरी शिकायत है।'

'कांग्रेस ने अब तक बीस लाख रुपये अछूतों के लिए खर्च किए हैं।'

'सही है, पर वे सब पैसे पानी में गए।'

'तुम तो कहो, कांग्रेस को करना क्या चाहिए।'

'कांग्रेस का सदस्य होने के लिए आपने खादी की शर्त डाली। वैसी एक शर्त अस्पृश्यता निर्मूलन के सम्बन्ध में आप डाल सकते थे। प्रत्येक कांग्रेस सदस्य एक दलित लड़के को अपने घर में रखे, अथवा अपने घर खाना खाने को बुलाए, अथवा घरेलू कामकाज के लिए दलित स्त्री की नियुक्ति करे। इनमें से एक भी शर्त को जो पूरा करेगा, उसे ही कांग्रेस टिकट देगी ऐसी शर्त डाली जा सकती है।'

डॉ. अम्बेडकर की बात में दम था और वह सटीक व कटु थी। अन्त में आक्रोश के साथ उन्होंने कह दिया, 'महात्मा जी यह मेरी मातृभूमि नहीं है।'

गाँधीजी ने पूछा, 'वह कैसे?'

डॉ अम्बेडकर ने कहा, 'जिस देश में हम कुत्तों की भी जिन्दगी नहीं जी सकते, उसे अपनी मातृभूमि कहे क्यों?'

डॉ. अम्बेडकर के अंतिम उद्‌गार से उनके संबंध में गलतफहमियां फैलायी जाने लगीं। उन्हें अराष्ट्रीय कहा जाने लगा। गाँधी जी की प्रसिद्धि और प्रतिष्ठा बहुत फैल चुकी थी कि उनका कोई विरोध करना उनके अनुयायियों को सहन न होता था। इस कारण अम्बेडकर जी

के बारे में तरह–तरह की भ्रान्तियां फैलायी जाने लगीं, जिससे उनकी अधिक से अधिक बदनामी की जा सके। इस पहली ही भेंट से पता चल जाता है कि गाँधी जी और अम्बेडकर दोनों के विचारों में जमीन–आसमान का अन्तर था।

दूसरा गोलमेज सम्मेलन

दूसरे गोलमेज सम्मेलन की घोषणा की जा चुकी थी। इस सम्मेलन में तेजबहादुर सपरू, डॉ. अम्बेडकर, गाँधीजी, मालवीय, रामास्वामी, सरोजिनी नायडू, जिन्ना, मिर्जा इस्माइल, शास्त्री आदि नेताओं को आमन्त्रित किया गया था।

डॉ. अम्बेडकर को दूसरी बार आमन्त्रित करना वाकई देश के लिए गौरव की बात थी। पहले सम्मेलन में उन्होंने निर्भीक, आत्मस्वाभिमानी व राष्ट्रभक्त के रूप में अपनी पहचान बनाई थी। उस समय जो उनका स्वरूप उभरकर आया था वह एक क्रान्तिकारी सदृश था। जिसने स्पष्ट शब्दों में ब्रिटिश राज्य पर सीधे आक्षेप गढ़े थे। उस समय वह फैडरल स्ट्रैचर कमेटी के लिए चुने गए थे। इसलिए उनकी उपस्थिति अपरिहार्य थी।

15 अगस्त, 1931 को डॉ. अम्बेडकर दूसरी गोलमेज परिषद में शामिल होने के लिए रवाना हो गए थे। 29 अगस्त को वह लन्दन पहुँच गए थे। किन्तु वहाँ पहुँचते ही वह इन्फुलैन्जा की चपेट में आकर बीमार हो गए थे।

इधर गाँधी जी, जवाहरलाल नेहरू, बल्लभभाई पटेल इत्यादि ने भारत से लन्दन के लिए अम्बेडकर के रवाना होते समय स्टीमर पर पुनः गाँधीजी के विचारों की चर्चा की थी। वे शिमला में वायसराय से मिले। उनसे बातचीत करने के बाद गाँधीजी तुरन्त ही गोलमेज सम्मेलन में भाग लेने के लिए लन्दन रवाना हो गए। वे 12 सितम्बर, 1931 को लन्दन पहुँच गए।

7 सितम्बर, 1931 को दूसरी गोलमेज परिषद शुरू हुई। 15 सितंबर को गाँधी जी ने संघयोजना समिति में अपने भाषण में कांग्रेस को देश की सबसे अधिक शक्तिशाली तथा तमाम हितों का प्रतिनिधित्व

करता हुआ बताया। उन्होंने इसे दलित वर्ग के प्रतिनिधित्व की भी बात करने वाली संस्था साबित करते हुए बताया कि वही एक खास संस्था है जो मुसलमानों का भी प्रतिनिधित्व करती है।

डॉ. अम्बेडकर ने भी अपना भाषण उसी दिन फैडरल स्ट्रैचर कमेटी में देते हुए बताया कि फैडरल स्ट्रैचर कमेटी आंख मीचकर स्टेट्स को वह नहीं दे, जो वह चाहती है। अपने दृढ़ विचारों से उन्होंने कहा कि स्टेट्स प्रतिनिधि जो फैडरल असेम्बली के लिए भेजा जाए, उसका चयन चुनाव द्वारा किया जाना चाहिए, न कि नॉमिनेशन द्वारा। क्योंकि यह नॉमिनेशन की प्रक्रिया कार्यपालिका को अनुत्तरदायी बनाती है। आगे उन्होंने जमीदारों के विशेष प्रतिनिधित्व की भी आलोचना करते हुए विरोध किया कि वे रूढ़ परम्पराओं के अभ्यस्त हैं, जिसके कारण स्वतन्त्रता और प्रगति दोनों को नुकसान पहुँचता है।

यहाँ डॉ. अम्बेडकर भी गाँधी जी की दृष्टि में क्रान्तिकारी और उग्र नेता के रूप में पहचाने गए।

अगले दिन गाँधीजी ने पुनः अपने विचारों को प्रस्तुत किया। उन्होंने दोहराया कि कांग्रेस को अछूतों के हित उतने ही प्रिय हैं जितने दूसरों के जो भारत में रहते हैं। साथ ही उन्होंने कहा कि हमें यह अधिकार नहीं है कि हम स्टेट्स से कहें या यह अपेक्षा रखें कि उन्हें क्या करना चाहिए और क्या नहीं।

अल्पसंख्यक कमेटी की बैठक 28 सितम्बर, सन् 1931 को पहली बार शुरू हुई। इसके अन्तर्गत हिन्दू और मुसलमान नेताओं में यह प्रयत्न चल रहा था कि उन दोनों के बीच समझौता हो जाए। जबकि डॉ. अम्बेडकर ने अपनी जो भी बात कही थी, वह पूर्णतया स्पष्ट कही थी। जिससे चेयरमैन मैकडोनाल्ड ने भी कहा कि डॉ. अम्बेडकर अपनी बात को पूरी तरह स्पष्ट कह चुके हैं। उनके संदर्भ में किसी बात का संदेह नहीं रह जाता है।

उसके बाद भी कॉन्फ्रेंस में लगातार कई मुद्दों को लेकर बहसें–सवालात होते रहे। गाँधी जी बहुत सी बातों में डॉ. अम्बेडकर के तर्कपूर्ण तथ्यों के प्रति सहमति जताते भी नजर आए, किन्तु पलट भी गए। इस पर डॉ. अम्बेडकर ने खुलकर कहा कि कांग्रेस जितना दलित वर्ग के

लिए, करने का दावा करती है कि वह उनका प्रतिनिधित्व करती है। उतना यदि उनको मौका मिले तो वह अकेले या उनके अपने साथी मिलकर कर सकते हैं। यही नहीं उन्होंने उन सदस्यों को भी खरी–खोटी सुनाई जो अपनी 'कम्युनिटी' का सम्यक् प्रतिनिधित्व न करके केवल सरकार द्वारा चुने जाने के कारण गलत निर्णय ले रहे थे। उन्होंने आरोप लगाया कि कांग्रेस का सम्पूर्ण प्रयत्न केवल सत्ता के हस्तांतरण पर केन्द्रित है। इस पर उन्होंने अरुचि प्रदर्शित करते हुए कहा कि यदि ब्रिटिश सरकार सत्ता का हस्तांतरण करना चाहती ही है तो वह ऐसे ढंग से हो कि जिससे सत्ता का हस्तांतरण किसी एक दल तक सीमित न रह जाए। बल्कि ऐसे ढंग से होना चाहिए कि प्रत्येक समुदाय को उचित मात्रा में हिस्सा मिल सके।

इन सब बातों का परिणाम यह निकला कि गाँधी जी की आँखों में डॉ. अम्बेडकर एक प्रतिद्वन्दी के रूप में या एक शत्रु के रूप में उभर आए थे।

वहीं ब्रिटिश सरकार 'विभाजन तथा शासन' की नीति से भारत में फूट डालने पर तुली हुई थी। जिस कारण मुसलमानों को अलग प्रतिनिधित्व दिया गया था और अब अछूतों को दिया जा रहा था। डॉ. अम्बेडकर की यह एक उल्लेखनीय सफलता ही थी।

डॉ. अम्बेडकर की अलग चुनावों की माँग से राष्ट्र तथा हिन्दू समाज में फूट पैदा होगी, ऐसा गाँधी जी का सोचना था। दोनों ही अपने–अपने विचारों से ग्रस्त थे। इसलिए दोनों में एक तरह की कटुता भी पनपने लगी थी। जबकि सत्य यह था कि दोनों ही महान देशभक्त और महान समाज सुधारक थे और अपनी ही धुन के पक्के थे। यही वजह है कि सरोजनी नायडू के घर पर मुलाकात करने के बाद भी दोनों में अपनी–अपनी जिद को लेकर कोई समझौता नहीं हो सका था।

इधर गाँधी–मुस्लिम समझौता भी न हो सका था। इनमें एक अन्य शर्त यह भी थी कि मुसलमान और सिख दोनों के सिवा और किसी जाति को अलग प्रतिनिधित्व न दिया जाए। इस समझौते पर बात हो रही थी तभी डॉ. अम्बेडकर ने स्पष्ट तौर पर कह दिया था कि जो कुछ भी लेन–देन करना चाहें करें किन्तु हम हमारे अधिकार पर हस्तक्षेप सहन नहीं करेंगे।

इस तरह से कोई सर्वमान्य समझौता न होने से परिषद के अध्यक्ष ने प्रतिनिधियों से कहा कि 'आपमें से प्रत्येक कमेटी का प्रत्येक सदस्य सांप्रदायिक समस्या का हल निकालने और उससे अपने को बाधित मानने के लिए मेरे पास प्रार्थना–पत्र भेजेंगे? उनके ख्याल से यही तरीका सबसे अच्छा प्रस्ताव था।'

डॉ. पट्टाभि सीतारमैया ने 'कांग्रेस के इतिहास' में बयान किया है कि 'गोलमेज परिषद के सब सदस्यों ने इस प्रकार के प्रार्थना–पत्र पर हस्ताक्षर नहीं किए थे।'

जबकि डॉ. अम्बेडकर ने अपने 'व्हाट कांग्रेस एण्ड गाँधी हैव डन टू द अनटचऐबल्स' नामक ग्रंथ में लिखा है कि इस प्रार्थना–पत्र पर गाँधी जी ने हस्ताक्षर किए थे, किन्तु उन्होंने नहीं।

इस तरह अपने साम्प्रदायिक निर्णय का अधिकार सभी सदस्य प्रधानमंत्री व परिषद के अध्यक्ष को सौंपकर चले आए। यह परिषद 1 दिसम्बर 1931 को समाप्त हुई।

दूसरे गोलमेज के दौरान भारत में प्रतिक्रिया

दूसरी गोलमेज के परिणाम के सन्दर्भ में डॉ. अम्बेडकर ने 'टाइम्स ऑफ इण्डिया' के नाम पर एक पत्र लिखकर स्पष्ट किया कि गाँधी जी दलित वर्ग के मित्र की भूमिका अदा नहीं कर रहे हैं और ना ही एक ईमानदार दुश्मन की भूमिका अदा कर पा रहे हैं। उन्होंने यह भी स्पष्ट किया कि गोलमेज कॉन्फ्रेंस का हाल देखते हुए कोई लाभ मिलने वाला नहीं है। जिसकी जिम्मेदारी वह गाँधी जी पर डाल रहे थे। उनके मतानुसार गाँधी जी एक जाति को दूसरी जाति से लड़वाने की भूमिका निभा रहे हैं। जो कि लोकतान्त्रिक दृष्टि से ठीक नहीं था।

इधर अखिल भारतीय दलित वर्ग की कॉन्फ्रेंस में गाँधी जी के गलत ढंग से प्रतिनिधित्व पेश करने को लेकर कॉन्फ्रेंस ने निर्णय किया कि दलित वर्ग वह संविधान कदापि स्वीकार नहीं करेगा। जिसमें उनके निर्वाचन के लिए अलग से लागू की पद्धति की व्यवस्था नहीं होगी। देश के कोने–कोने में इस बात को लेकर मीटिंग्स की गईं और गाँधी जी और कांग्रेस के नेतृत्व को अस्वीकार किया गया।

इस बात को लेकर जगह–जगह जुलूस भी निकाले गए। उस समय दलितों में एक नया उत्साह छा गया था। गाँधी जी की इस बात को लेकर छवि थोड़ी धूमिल हुई थी। अछूतों ने इस समय पुनः वह सत्याग्रह छेड़ दिया जो कालाराम मन्दिर–प्रवेश को लेकर था। इस बाबत डॉ. अम्बेडकर के पास कमिश्नर सेंट्रल डिवीजन से एक पत्र प्राप्त हुआ जिसमें उनसे प्रार्थना की गई थी कि वे अपने आदमियों से नासिक सत्याग्रह को बन्द करने के लिए अपने आदमियों को रोकने की सलाह दे। किन्तु उन्होंने बन्द करवाने की जगह उसे जारी रखने की ही सलाह दी। नतीजन, नासिक सत्याग्रह पूरे जोश व उमंग के साथ तेज और तेज होता चला गया।

लंदन में अक्टूबर के अन्त तक 'टोरीज' सत्ता में आ चुके थे। डॉ. अम्बेडकर ने अपना सारा कार्य जो अति व्यवस्थित ढंग से तैयार किया गया था, उनके सामने रखा था। अम्बेडकर ने स्पष्ट किया कि यह जो समस्या आज विकराल रूप धारण कर चुकी है, बहुत पहले ही हल हो जाती, यदि कुछ दलित गाँधी जी को समर्थन न दे रहे होते, जो न केवल विशेष निर्वाचन पद्धति का विरोध कर रहे हैं अपितु दलित वर्ग के लिए विशेष प्रतिनिधित्व का भी विरोध कर रहे हैं। अम्बेडकर ने असल में जहाँ भी अपना दलित पक्ष रखा वह इतनी सफाई व सशक्त रूप से रखा कि वे ही दलित के वास्तविक नेता के रूप में उभर कर नजर आते थे।

यही वजह थी कि जब गाँधी जी भारत लौट आए थे। उन्हें दलित वर्ग के हजारों स्त्री–पुरुषों ने काले झण्डे दिखाए थे। जिस कारण कांग्रेस कार्यकर्त्ता और विरोधियों में जमकर लड़ाई हुई थी। खूब लाठियां चलीं, यहाँ तक की ईट–पत्थर के साथ सोडा–वाटर की बोतलें भी फेंकी गई थीं।

गाँधी जी का अनशन व पूना पैक्ट

गाँधी जी 28 दिसम्बर, 1931 को बिना कोई खास उपलब्धि हासिल किए चले आए थे। आम जनता ने उनका शानदार स्वागत किया था। जबकि हजारों दलितों ने काले झंडे दिखलाकर व प्रदर्शन करते हुए

गाँधी जी का विरोध प्रकट किया था। यही नहीं इंग्लैड से वापिस आने के बाद ब्रिटिश शासन ने गाँधी जी को पुणे के येरवडा जेल में बन्द कर दिया था।

डॉ. अम्बेडकर 5 दिसंबर, 1931 को लंदन से अमरीका गए और वहाँ से लंदन लौटकर 29 जनवरी, 1932 को मुंबई पहुँचे। उनका धूमधाम से स्वागत किया गया और मौलाना शौकतअली के साथ उनका जुलूस निकाला गया। कई संस्थाओं ने डॉ. अम्बेडकर को मान–पत्र प्रदान किए। तभी सैन्ट्रल असेम्बली के दो दलित प्रतिनिधि डॉ. मुंजे और एम.सी. राजा ने मिलकर संयुक्त चुनाव तथा सुरक्षित सीटों के आधार पर एक समझौता किया, जो डॉ. अम्बेडकर को नामंजूर था। जबकि मद्रास में दक्षिण की दलित जाति की संस्थाओं ने डॉ. अम्बेडकर का स्वागत करके दलित जातियों ने पृथक प्रतिनिधित्व का समर्थन किया।

7 मई, 1932 को डॉ. अम्बेडकर की अध्यक्षता में अखिल भारतीय दलित जाति कांग्रेस का अधिवेशन हुआ। मुंज और राजा का एक समर्थक अछूत नेता पी.एन.राजभोज ने आकर परिषद में अपने विचार प्रकट करने चाहे, जिसे बिफरकर कुछ लोगों ने उसे पीटना शुरू कर दिया। उसे चोटें आयीं और अस्पताल रवाना कर दिया गया। इस परिषद से राजा–मुंजे समझौते का निषेध किया गया और इस तरह दलितों के पृथक प्रतिनिधित्व का समर्थन किया गया। इस पर डॉ. अम्बेडकर ने कहा कि वे दलितों के न्यायोचित कार्य से एक इंच भी पीछे नहीं हटेंगे।

26 मई, 1932 को डॉ. अम्बेडकर लंदन गये और कैबिनेट के सभी महत्त्वपूर्ण व्यक्तियों से दलितों के पृथक प्रतिनिधित्व पर बात की और इच्छा व्यक्त की कि वे इस मसले पर जोर दें। उसके उपरान्त वह 17 अगस्त को मुंबई चले आए।

इस पर जेल में रहते हुए ही एक दिन गाँधी जी ने घोषणा कर दी कि दलितों को अगर स्वतंत्र चुनाव क्षेत्र दिए गए तो वे आमरण अनशन पर बैठ जाएंगे। गाँधी जी की घोषणा से सारे देश में एक प्रकार की हलचल मच गई।

20 अगस्त, 1932 को प्रधानमंत्री के 'साम्प्रदायिक निर्णय' का पटाक्षेप हुआ। इसमें दलित जातियों को पृथक निर्वाचन का अधिकार मिल गया था और आम निर्वाचन में भी मत देने और उम्मीदवारी करने का अधिकार भी उनको दिया गया। दलितों की यह बहुत बड़ी जीत थी। इस जीत का सेहरा डॉ. अम्बेडकर को जाता था।

इस चोट से तिलमिलाए गाँधी जी ने जेल से ही ब्रिटिश प्रधानमंत्री को सूचित कर दिया कि 20 सितम्बर, 1932 को अछूतों के पृथक प्रतिनिधित्व के विरुद्ध वह अपना आमरण उपवास शुरू करेंगे। इससे क्षुब्ध होकर डॉ. अम्बेडकर को वक्तव्य देना पड़ा कि गाँधी जी के उपवास की यह घोषणा दलितों के हितों के विरुद्ध है। उन्होंने यह क्क्तव्य जारी करते हुए यह तर्कपूर्ण साबित किया कि दलितों के अलग प्रतिनिधित्व का अर्थ दलितों का हिंदू समाज से बाहर या अलग होना नहीं है।

आखिर नियत दिन गाँधी जी का उपवास शुरू हो गया। गाँधी जी के प्राण बचाने के लिए नेताओं में दौड़–धूप शुरू हो गई थी। उपवास से एक दिन पहले ही कुछ नेताओं ने जिनमें पंडित मदनमोहन मालवीय, सर चिमनलाल सेटलवाड, डॉ. सोलंकी, डॉ. राजेन्द्र प्रसाद, अणे और डॉ. अम्बेडकर जैसे लोग इसमें शामिल हुए थे।

डॉ. अम्बेडकर ने दबाव में आए बिना कहा –'इस प्रकरण में खलनायक होना मेरे भाग्य में बदा है, परन्तु जिसे मैं कर्तव्य मानता हूँ, उससे मैं विचलित नहीं होऊंगा। मैं अपने लोगों के न्यायोचित हितों के प्रति विश्वासघात नहीं करूंगा, फिर भले ही आप मुझे नजदीक के खंभे पर फांसी चढ़ा दें।'

गाँधी–अम्बेडकर दोनों ही अपनी बातों से पीछे हटने को तैयार नहीं थे। देश भर में व्यापक तनाव की स्थिति उभर आई थी। आम लोगों में धारणा थी कि अम्बेडकर की वजह से ही गाँधी जी को अनशन पर बैठना पड़ रहा है। जिससे डॉ. अम्बेडकर के विरुद्ध आम लोगों के मन में एक नकारात्मक छवि बन रही थी। इधर अनशन के कारण गाँधी जी की तबियत गिरती जा रही थी।

अन्त में काफी सोच–विचार कर सप्रू और राजगोपालाचार्य जैसे राजनीतिज्ञों ने समझौते के कई मसौदे गढ़े। डॉ. अम्बेडकर इस दौरान

दो बार गाँधी जी से जेल में मिले। अन्तः एक मसौदे पर गाँधी जी ने भी सहमति जतायी और डॉ. अम्बेडकर को भी राजी किया गया। इस तरह 24 सितम्बर, 1932 को यरवड़ा–करार अर्थात पूना–पैक्ट पर दोनों नेताओं ने हस्ताक्षर किए। ब्रिटिश कैबिनेट ने पूना–पैक्ट को स्वीकार किया। तब जाकर 26 सितम्बर को गाँधी जी का उपवास समाप्त हुआ।

पूना पैक्ट के करार के अनुसार दलित जातियों ने पृथक निर्वाचन का अधिकार छोड़ दिया और संयुक्त चुनाव को स्वीकार कर लिया। एक सरकारी निर्णय के अनुसार इसमें आम हिन्दुओं को जितनी सीटें दी गई थीं। उनमें से 148 सीटें पूना–पैक्ट के नियमानुसार दलित जातियों को दी गईं, जबकि 'साम्प्रदायिक निर्णय' के अनुसार उनको 71 सीटें दी गई थीं। इसका आधार यह कि पूना–पैक्ट के अनुसार दलितों को लगभग दूनी सीटें संयुक्त चुनाव के आधार पर दी गईं। यह भी तय हुआ कि प्रत्येक सुरक्षित जगह के लिए दलित जातियां चार उम्मीदवार चुनें और आम निर्वाचन में उनमें से एक चुन लिया जाएगा।

25 सितम्बर, 1932 को एक सभा आयोजित की गई। जिसके सभापति पं. मालवीय जी थे। यह सभा पूना–पैक्ट पर हस्ताक्षर करने के बाद मुंबई में रखी गई। इस सभा से एक प्रस्ताव पारित हुआ कि 'यह परिषद निश्चय करती है कि अब भविष्य में हिंदू जाति में किसी को जन्म से अस्पृश्य नहीं समझा जाएगा और जिन्हें अब तक अस्पृश्य समझा जाता रहा है, उन्हें अन्य हिन्दुओं की भाँति ही कुओं, पाठशालाओं, सड़कों और अन्य सार्वजनिक संस्थाओं का उपयोग करने का अधिकार होगा, मौका मिलते ही इस अधिकार को कानून का स्वरूप दे दिया जाएगा और यदि इस प्रकार का रूप स्वराज्य–पार्लियामेंट स्थापित होने से पहले तक प्राप्त न हुआ, तो स्वराज्य–पार्लियामेंट का पहला कानून इस संबंध में होगा।

यह भी निश्चित किया जाता है कि सारे हिंदू नेताओं का यह कर्त्तव्य होगा कि पुराने रिवाजों के कारण अस्पृश्य कहलाने वाले हिन्दुओं पर मंदिर–प्रवेश आदि के संबंध में जो सामाजिक बंधन लगा दिया गया है, उसे वे सारे वैध तथा शांतिपूर्ण उपायों के द्वारा दूर कराने की चेष्टा करें।'

यह प्रस्ताव पास होने से भारत में अस्पृश्यता–निवारण की कुछ बन्दिशें कम होने लगी थीं। कई मन्दिरों के दरवाजे अछूतों के लिए खोल दिए गए। अन्य कई सार्वजनिक जगहों पर जो पाबन्दियां थीं, उनमें भी कमी आने लगी। इस दृष्टि से देखा जाए तो गाँधी जी का उपवास सफल ही रहा।

इस उपवास की सफलता का मापदण्ड यह भी रहा कि अस्पृश्यता–निवारण को दूर–दूर तक फैलाने के लिए कार्यकर्त्ताओं की संख्या बढ़ती जा रही थी। इनकी नैतिकता की जिम्मेदारी बढ़े इसलिए गाँधी जी ने 8 मई, 1933 को आत्मशुद्धि के लिए 21 दिन का उपवास आरंभ कर दिया। जेल अधिकारियों ने भी 8 मई, 1933 के ही दिन उन्हें रिहा कर दिया। किन्तु उन पर बन्दिश लगाई गई थी जिससे वह राजनैतिक कार्य करने के लिए स्वतन्त्र नहीं थे। इस कारण उन्होंने उस अवधि का इस्तेमाल अछूतोद्धार में ही लगाने का फैसला किया।

उन्होंने इसके लिए देश भर का दौरा नवम्बर, 1933 से किया। तकरीबन दस महीने तक वह भारत के अधिकांशतः प्रान्तों का दौरा करते रहे। इस दौरान उन्हें इस नेक कार्य के लिए अनुमानतः आठ लाख रुपये भी मिले। इस तरह कह सकते हैं कि अम्बेडकर जी की अलग प्रतिनिधित्व की मांग के कारण गाँधी जी को उपवास पर जाना पड़ा। वह अपना उपवास तोड़ें उसके लिए दृढ़–प्रतिज्ञ डॉ. अम्बेडकर ने भी जिद छोड़कर नरम रुख अपनाकर गाँधी जी का उपवास तुड़वाया। जिस वजह से गाँधी जी को भी एक बहुत बड़ा नेक कार्य करने का मौका मिला। कहना न होगा कि इस नेक कार्य में दोनों ही महान नेताओं को बराबरी का दर्जा दिया जा सकता है।

हरिजन सेवक संघ की स्थापना

मुंबई में कांग्रेस नेताओं ने जिस अस्पृश्यता–निवारण का प्रस्ताव 25 सितम्बर, 1932 को पास किया था। उसी कारण से 'अस्पृश्यता–निवारक संघ' की स्थापना हुई। इसी संस्था का नाम आगे चलकर 'हरिजन सेवा संघ' कहलाया। इस संघ के अध्यक्ष सेठ घनश्यामदास

बिड़ला और मंत्री अमृतलाल ठक्कर नियुक्त हुए। इस संघ के सैन्ट्रल बोर्ड में आठ सदस्य थे। जिनमें तीन दलित जाति के थे, वे थे – डॉ. अम्बेडकर, रावबहादुर श्रीनिवासन और एम.सी. राजा।

'हरिजन सेवक संघ' के अध्यक्ष तथा मंत्री भी बिड़ला और श्री ठक्कर ने सनातनियों को खुश करने के लिए 3 नवम्बर, 1932 को एक संयुक्त वक्तव्य पेश कर कहा कि सवर्ण हिन्दू अस्पृश्यता दूर करने के विरोधी नहीं है अपितु वे अन्तरजातीय रोटी–बेटी व्यवहार के विरोधी हैं। जिस कारण स्पष्ट करना जरूरी प्रतीत होता है कि संघ के कार्यों में अछूतों की आर्थिक, सामाजिक व शैक्षणिक उन्नति के लिए आवश्यक हल खोजे जाएंगे। इस कार्य से वे कट्टर सनातनी भी नरम पड़ेंगे और उनकी सहानुभूति भी अछूतों को मिलेगी। वास्तव में संघ लचीला रुख ही अपना रहा था जिससे कट्टर सनातनी न भड़कें और अछूत वर्ग भी संतुष्ट रह सके।

हरिजन सेवक संघ से डॉ. अम्बेडकर बाहर आए

7 नवम्बर, 1932 को डॉ. अम्बेडकर तीसरी गोलमेज परिषद के लिए लंदन रवाना हुए। यात्रा के दौरान ही उन्होंने 'हरिजन सेवक संघ' के मंत्री श्री ठक्कर को एक पत्र लिखा। जिसमें अस्पृश्यता–निवारण के सम्बन्ध में एक क्रान्तिकारी कार्यक्रम की रूपरेखा लिख भेजी। उन्होंने इच्छात्मक निवेदन किया कि संघ इस नियम को कार्यरूप में अमल करवाए। उसमें जो बातें थीं वह इस प्रकार थीं – अछूतों के जीवन–स्तर को ऊपर उठाना, उन्हें नागरिक अधिकार देना, उन्हें आवश्यक सामान उपलब्ध कराना आदि बातों के लिए उन्होंने कहा कि इसके लिए संघ को आवश्यक कदम उठाने होंगे अन्यथा हिन्दुओं के दृष्टिकोण में परिवर्तन नहीं होगा।'

संघ ने डॉ. अम्बेडकर की बातों पर अमल नहीं किया, ढिलाई बरती जा रही थी। जिससे डॉ. अम्बेडकर जल्द संघ से बाहर निकल आए। उनके अलग होने से अन्य दोनों दलित सदस्य भी संघ से अलग हो गए।

डॉ. अम्बेडकर की पत्नी का निधन

डॉ. अम्बेडकर वर्षो से अनवरत भाग–दौड़ में निहायत उलझे हुए थे। आराम उस तरह वह कर नहीं पाते थे। मई 1934 के महीने में वे कोल्हापुर के निकट पन्हालगढ़ पर विश्राम के लिए गए। इन्हीं दिनों उन्होंने मुंबई के विधि महाविद्यालय में अध्यापक की नौकरी स्वीकार कर ली। वर्षो से उनकी एक इच्छा बलवती थी कि उनका एक अपना मकान हो। आखिर मुंबई के दादर उपनगर में उन्होंने एक मकान बनाया, जिसका नाम 'राजगृह' रखा गया। इन दिनों उनकी पत्नी रमाबाई की तबियत खराब चल रही थी। पिछले कई अरसे से वह पत्नी की सही देखभाल नहीं कर पाए थे।

रमाबाई की सेहत को देखते हुए वह धारवाड़ चले गए। वहाँ उनकी पत्नी की तबियत में सुधार नहीं आया। छह महीने की बीमारी के बाद वे चल बसीं। इस आघात ने बाबासाहब के अकेलेपन को बढ़ा दिया था।

धर्मांतरण की इच्छा की घोषणा

रमाबाई के निधन के कुछ दिन पश्चात मुंबई सरकार ने डॉ. अम्बेडकर को लॉ कॉलेज का प्रिन्सिपल बना दिया। इन दिनों उनका झुकाव बौद्ध धर्म की ओर हो रहा था। वह मानते थे कि जब तब जातिगत भेदभाव दूर नहीं होंगे। तब तक दलित जाति को कोई लाभ नहीं होने वाला है।

वे हिन्दू समाज में अछूत जाति में पैदा हुए थे। अपने को हिन्दू ही मानते थे। किन्तु हिन्दू समाज के उच्च वर्गीय लोगों ने उन्हें 'देशद्रोही', 'राष्ट्रद्रोही' जैसे शब्दों से अलंकृत किया था। इससे वे व्यथित भी हुए थे।

उन्हीं दिनों येवला, जिला नासिक में, दलित समाज की एक विस्तृत सभा आयोजित की गई थी। हजारों की संख्या में लोग यहाँ उपस्थित हुए थे। इसी सभा से उन्होंने हिन्दू धर्म से विरक्ति दर्शाते हुए धर्मांतरण की घोषणा कर डाली। उन्होंने दलितों की सभा में दलितों से कहा कि, 'दुर्भाग्य से वे लोग जिस हिन्दू धर्म में जन्मे, उसी धर्म में

बने रहना चाहते थे। हम चाहते थे कि हिन्दू समाज में हमें भी मानवता के साधारण अधिकार प्राप्त हो। किन्तु इन अधिकारों की मांग के लिए किए गए, मेरे सारे प्रयास विफल लगते हैं। इन सत्याग्रहों में हमारा श्रम, धन और समय सब निरर्थक चले गए। सिवाय धर्मांतरण के अलावा हमारे पास कोई और चारा नहीं है। धर्म–परिवर्तन से ही हम अपना और अपने लोगों का उद्धार कर सकते हैं।

डॉ. अम्बेडकर का यह धर्मांतरण का फैंसला एकाएक नहीं था कि किसी क्षणिक दुःख की धार में बह रहे हों। यह सालों से हिन्दू धर्म में उन्हें और उनके जैसे अछूतों को असमानता और अपमान के भावों का मिला दंश था। जिसे भोगते–भोगते वे तात्कालिक परिस्थितियों से हार गए थे। उन्हें विश्वास होने लगा था कि हिन्दू धर्म इतना पत्थर दिल है कि वे कभी भी उन अछूतों के लिए नहीं पिघलेंगे। अपने सामाजिक जीवन के सुधार के लिए ही वे धर्मांतरण की इच्छा धारण करने लगे थे।

इसी सभा में भाषण के अन्त में उन्होंने कहा –'मैं अस्पृश्य जाति में जन्मा, इसमें मेरा कोई अपराध नहीं था। क्योंकि यह किसी के बस की बात नहीं होती। परन्तु यह मेरे हाथ में है कि मैं किस धर्म में रहकर मरूं। इसलिए आश्वस्त होते हुए कहता हूँ कि मेरी मृत्यु हिन्दू धर्म में रहते हुए नहीं होगी।'

डॉ. अम्बेडकर की इस घोषणा ने भारतीय समाज में राजनैतिक और धार्मिक जैसे क्षेत्रों में हलचल मचा दी थी। गाँधीजी और वीर सावरकर जैसे नेताओं ने इस विचार पर अफसोस प्रकट किया। इसके आगे उनके वश की बात नहीं थी कि वे व्यक्तिगत तौर पर कुछ कर पाते।

मुस्लिम, सिख, ईसाई और बौद्ध धर्म के प्रतिनिधियों ने डॉ. अम्बेडकर को अपने–अपने धर्मो में आने का आग्रहपूर्वक निमन्त्रण दिया। डॉ. अम्बेडकर इतने विद्वान और तार्किक विवेचन शक्ति वाले थे कि वे सभी धर्मों की सामाजिक परिस्थिति के ज्ञान से लबालब थे। वे जानते थे कि दूसरे धर्मो में भी जात–पात के कुछ न कुछ लक्षण प्रकट हो जाते हैं। किन्तु दूसरे धर्मों की एक विशेषता थी कि उन लक्षणों में समस्या केवल परिस्थिति की थी जो एक स्वाभाविक लक्षण

दोष साबित हो सकता है। किन्तु हिन्दू में उसके ठीक उलट बात थी। यहाँ परिस्थिति से ज्यादा जोर तो धार्मिक विडम्बना का था। यानी हिन्दू में धर्म ही सर्वोपरि था।

डॉ. अम्बेडकर हिन्दू धर्म से इतने कुण्ठित हो गए थे कि एक बार महाराष्ट्र अस्पृश्य युवक परिषद में जिसकी अध्यक्षता प्रो.एन. शिवराज कर रहे थे। उस सभा से डॉ. अम्बेडकर ने कहा –'यदि साक्षात ईश्वर भी आकर कहे कि हिन्दू धर्म को मत छोड़ो, तो मैं उनकी भी नहीं सुनूंगा।'

ऐसी अटल प्रतिज्ञा करने वाले थे डॉ. अम्बेडकर।

उनके भीतर दृढ़ता के भाव कूट–कूटकर भरे हुए थे। ऐसे ही लाहौर के जात–पात तोड़क मंडल के आग्रह पर उन्होंने अध्यक्ष बनना स्वीकार किया जिसका वार्षिक अधिवेशन लाहौर में होने जा रहा था। इस मंच के लिए डॉ. अम्बेडकर ने जो भाषण तैयार किया था। उसका कुछ अंश आपत्तिजनक पाते हुए मंडल के सदस्यों ने डॉ. अम्बेडकर से विनम्र निवेदन किया कि उस आपत्तिजनक अंश को निकाल दें। परन्तु उन्होंने ऐसा कुछ कर देने से इन्कार कर दिया। जिसके फलस्वरूप अधिवेशन को ही बन्द कर देना पड़ा।

बाद में, वही भाषण 'जाति–विच्छेद' नाम से प्रकाशित हुआ। यह भाषण अथवा लेख वर्णभेद तथा जातिभेद पर एक सटीक विद्वतापूर्ण टिप्पणी थी। जिसमें विभिन्न प्रकार की युक्तियों से वर्णभेद तथा जातिभेद के खंडन को दर्शाया गया है।

इसी भाषण में आगे लिखा गया है –'वर्णभेद ने सार्वजनिक भाव को मार डाला है। वर्णभेद ने सद्‌गुण को जात–पात के नीचे दबा दिया है और सदाचार को जात–पात में जकड़ दिया है।'

इसी तरह शुद्धि और संगठन के विषय पर लिखा है – 'वर्णभेद ने हिन्दुओं को फैलने से और दूसरे धर्म वालों को अपने में खपाने से रोका है। जब तक वर्णभेद रहेंगे, हिन्दू धर्म प्रचारक धर्म नहीं बन सकेगा और 'शुद्धि' आंदोलन एक मूर्खता और व्यर्थ चेष्टा मात्र ही होगा।' और आगे कहा – 'जब तक वर्णभेद है, तब तक कोई संगठन नहीं हो सकता और जब तक संगठन नहीं, तब तक हिन्दू दुर्बल और दब्बू ही बने रहेंगे।'

डॉ. अम्बेडकर आगे प्रबंध में लिखते हैं –'जनता का चार निश्चित श्रेणियों में वर्गीकरण असंभव है, यह इस बात से प्रमाणित है कि मूल चार वर्ण अब चार हजार जातियां बन गए हैं। ब्राह्मण, क्षत्रिय, वैश्य, शूद्र ऐसे नाम हैं जो प्रत्येक हिन्दू के मन में एक निश्चित एवं स्थिर भावना के साथ जुड़े हुए हैं। जब तक ये नाम प्रचलित रहेंगे, हिन्दू इस जन्ममूलक ऊंच–नीच का मानते और उसके अनुसार आचरण करते रहेंगे।'

मनोविज्ञान की दृष्टि से उनका मत इस प्रकार है –'कोई भी दो व्यक्ति एक दूसरे के समान नहीं, अर्थात किन्हीं भी दो व्यक्तियों को एक श्रेणी में नहीं रखा जा सकता, क्योंकि व्यक्तियों के स्वभाव–गुण सदैव अस्थिर और परिवर्तनशील होते हैं।'

डॉ. अम्बेडकर की विचार–शक्ति युक्तिसंगत है और वर्ण–व्यवस्था को भी वह अनावश्यक बतलाते हैं फिर चाहे वह आर्यसमाजी की हो या गाँधी जी की, उन्हें निरर्थक व अव्यवहारिक लगती है।

डॉ. अम्बेडकर के इसी भाषण पर मत प्रकट करते हुए गाँधी जी ने 'हरिजन' में लिखा –'डॉ. अम्बेडकर हिन्दू के लिए एक ललकार हैं।'

हिन्दू धर्म में जात–पांत व धर्म की आलोचना

हिन्दू धर्म में रूढ़िवादता और दलितों के लिए स्थान न होने की, डॉ. अम्बेडकर को धर्मांतरण की घोषणा के लिए प्रेरित किया। वे जितने दृढ़–स्वभाव के थे, उतने ही संयमी भी थे। धैर्य और सब्र उनमें कूट–कूटकर ही भरा था। किन्तु सब्र की भी एक सीमा होती है। परन्तु सयमंशील होते हुए ही उन्होंने धर्मांतरण के बारे में कोई भी फैसला जल्दबाजी में करना उचित नहीं समझा था।

डॉ. अम्बेडकर का एक झुकाव सिख धर्म की ओर दृष्टिगत होता चला जा रहा था। इसी झुकाव के कारण वे अमृतसर में सिख कॉनफ्रेंस में शामिल भी हुए। परन्तु जल्दबाजी में निर्णय नहीं लेना चाहते थे। इसके लिए वे अपनी महार जाति के लोगों का निर्णय भी जान लेना चाहते थे। इसलिए एक सभा का आयोजन किया गया। उस सभा में डॉ. अम्बेडकर ने कहा–'जिस धर्म के कारण तुम्हें निम्न

होने का दर्जा दिया गया है, वह धर्म उच्च के वर्ग के मतानुसार सनातन है। तुम्हें हमेशा निम्न ही रहना होगा।

'इस अन्याय का प्रतिकार तुम नहीं कर सकते, क्योंकि तुम्हारे पास मनुष्य, द्रव्य और मानसिक बल नहीं है। सामर्थ्य के बिना प्रतिकार हो नहीं सकता और वह सामर्थ्य आज तुम्हारे पास नहीं है। अब यह बात स्वयं सिद्ध हो जाती है कि तुम्हें आवश्यक सामर्थ्य बाहर से हासिल करना होगा। धर्मांतरण किए बिना दूसरे समाज का सामर्थ्य तुम्हें प्राप्त नहीं हो सकेगा।

'हिन्दू तुम्हें परायों से भी अधिक पराए मानते हैं। शत्रुता से भरे इस वातावरण में रहकर तुम्हारा क्या भला होगा? एक मनुष्य दूसरे मनुष्य को इतना अधिक पतित समझे कि उसको छूने से इनकार करे, ऐसी प्रथा हिन्दू धर्म और हिन्दू समाज के सिवा अन्यत्र कहीं भी मिलेगी क्या? अस्पृश्यता हिन्दू धर्म पर कलंक है, ऐसा कुछ लोग कहते हैं, परन्तु हिन्दू धर्म कंलकित है, ऐसा एक भी हिन्दू नहीं मानता। तुम कलंकित हो, अपवित्र हो, ऐसा मात्र अधिकांश हिन्दू मानते हैं। तुम्हारे में से जो मुसलमान या ईसाई हुए, उनको हिन्दू लोग अछूत नहीं मानते। तुम्हारी अस्पृश्यता तथा असमानता के लिए यदि कोई कारण है, तो वह तुम्हारा और हिन्दू धर्म का संबंध है। जिस धर्म में मनुष्य की मनुष्यता का कोई मूल्य नहीं है, वह धर्म किस काम का?

यह कहा जाता है कि हिन्दुओं में अनेक लोग हिन्दू धर्म का सुधार करने के लिए तैयार हैं, उनकी सहायता से जातिभेद और अस्पृश्यता को नष्ट करने के बजाय धर्मान्तरण करना अनुचित है। हिन्दू समाज–सुधारकों से मुझे अत्यन्त घृणा है। नीग्रो को गुलामी से मुक्त करने के लिए अपने रक्त–मांस के गोरों से अमरीकन सुधारकों ने घमासान युद्ध किया। क्या सुधारक कहलाने वाले हिन्दुस्तान के अछूतों के हिमायती वैसा गृह–युद्ध करने के लिए तैयार हैं? गाँधी जी अस्पृश्य वर्ग पर अत्याचार करने वाले हिन्दुओं का मन दुखाने और उनके विरुद्ध कानूनी कार्रवाई करने तक के लिए तैयार नहीं हैं। धर्मान्तरण के सिवा सामाजिक स्वातंत्र्य प्राप्त नहीं होगा। स्वराज्य की जितनी आवश्यकता हिन्दुस्तान को है, उतनी ही धर्मान्तरण की

आवश्यकता अछूतों को है। धर्मान्तरण और स्वराज्य दोनों का अंतिम ध्येय एक ही है और वह है स्वतन्त्रता की प्राप्ति।

जिस धर्म में मनुष्य को मनुष्यता से बर्ताव करना मना है, वह धर्म नहीं है, उद्दण्डता की सजावट है। जिस धर्म में मानव की मानवता को पहचानना अधर्म माना जाता है, वह धर्म नहीं रोग है। जिस धर्म में अमंगल पशु को स्पृश्य और मनुष्य को अस्पृश्य समझा जाता है, वह धर्म नहीं है, पागलपन है। जो धर्म कहता है कि एक वर्ग विद्याध्ययन, धन–संग्रह और शस्त्र धारण न करे, वह धर्म नहीं है, मनुष्य जीवन के लिए विडंबना है। जो धर्म अशिक्षितों और निर्धनों को आगे बढ़ने से रोकता है, वह धर्म नहीं, सजा है।

धर्मान्तरण की सार्थकता जांचे बिना कोई भी धर्मान्तरण न करे, यह मेरी राय है।'

इस सभा में अन्तः धर्मान्तरण करने का प्रस्ताव पास हुआ था। डॉ. अम्बेडकर ने कई धर्मों के प्रतिनिधियों से मिलकर बातें कीं, परन्तु निर्णय लेने के लिए सभी को यही जवाब दिया कि अभी वह निश्चय करना चाहते हैं कि किस धर्म को चुनें।

हिन्दू धर्म के कुछ संस्कार ही उन्हें रोके हुए थे। वह संस्कार जो हिन्दू धर्म की विशेषता हैं इस धर्म से प्यार भी था। जिसमें जन्म लेकर ही उन्हें भारत भूमि प्राप्त हुई। जो उन्हें राष्ट्रहित के प्रति भी बांधे रखता था। हिन्दू धर्म से शिकायत थी तो वह यह कि इस धर्म ने अपने ही एक वर्ग में इतना बड़ा फासला बना लिया है कि अब फासले को कम करने में ही कठिनाई आ रही है।

यही वजह है कि हिन्दुत्व से उनका बैर होते हुए भी वह इससे दूर नहीं जाना चाहते थे।

उन्होंने कहा, 'इस्लाम या ईसाई धर्म लेने से उनकी और दलित लोगों की राष्ट्रीयता में फर्क आ जाएगा। यदि वे इस्लाम धर्म ले भी लें तो मुसलमानों की संख्या इस देश में एकाएक दूनी हो जाएगी और इससे मुस्लिम सत्ता को खतरा भी पैदा हो जाएगा। यदि इसी तरह ईसाई धर्म अपनाया तो देश में ईसाइयों की संख्या बढ़ जाएगी और इसका फायदा सीधा ब्रिटिश सरकार को होगा। क्योंकि जनसंख्या के

आधार पर ब्रिटिश सरकार की सत्ता सुदृढ़ हो जाएगी। इसके उलटे यदि वे और अन्य दलित लोग सिख धर्म ग्रहण करते हैं, तो उनकी राष्ट्रीयता तथा संस्कृति पूर्वतः बनी रहेगी। जिससे वे पहले की भांति देश की राजनीतिक प्रगति में भागीदारी करते हुए सहायक हो सकेंगे।'

ऐसी सोच से भरपूर डॉ. अम्बेडकर राष्ट्र–प्रेम से ओत–प्रोत थे। ऐसी शंका किसी को भी न थी। समय–समय पर देश की राजनीति करते हुए यह प्रकट होता रहा था। इसलिए मुस्लिम नेता निजाम हो या ईसाई मिशनरी, दोनों की भावना को समझते हुए ही उन्होंने इन धर्मों में न जाने का फैंसला ले लिया था।

इसलिए भी भारत में सिख धर्म से प्रभावित थे। इस सन्दर्भ में सिख प्रतिनिधियों से उनकी काफी बातें हुई थीं। बातों के आधार पर लगने लगा था कि वह सिख धर्म ग्रहण कर लेंगे, किन्तु उन्होंने जल्दबाजी की। इस बातचीत का परिणाम यह हुआ कि कुछ अछूत लोगों ने सिख धर्म अपना लिया, जिससे मुंबई में दलितों के लिए खालसा कॉलेज की स्थापना हुई।

ऊपरी तौर पर देखते उन्होंने सिख धर्म में वर्णभेद जैसी बुराई नहीं है। परन्तु सिख धर्म में भी अछूत जातियों का रिवाज है। यह स्वयं सिख नेताओं ने दबे स्वर में स्वीकारा था। जिसे बाद में उन्होंने भारत सरकार के समक्ष भी स्वीकार किया। जिसके परिणामस्वरूप 1953 के परिगणित में जाति विधेयक में सिख अछूत भी शामिल कर दिए गए। यह सल देखते हुए डॉ. अम्बेडकर ने सिख धर्म स्वीकार करने का इरादा छोड़ दिया।

जब सब धर्म दलित जातियों को अपने में समावेश करने की कोशिश कर रहे थे। तब हिन्दू नेता मात्र दुःख प्रकट करने के अलावा कुछ और कोशिश नहीं कर रहे थे। यही वजह थी कि बहुत से दलित समय–समय पर धर्म बदलते रहे हैं। यही वजह रही पाकिस्तान बनने और कश्मीर पर उग्रवाद पनपने की।

हिन्दुओं की इसी उदासीनता के बारे में डॉ. अम्बेडकर ने 'जाति–विच्छेद' नामक प्रबंध में लिखा था कि 'उदासीनता से बढ़कर और कोई रोग नहीं हो सकता। हिन्दू इतने उदासीन क्यों हैं? मेरी

राय में यह उदासीनता वर्णभेद का ही परिणाम है। वर्णभेद ने किसी काम के लिए भी संगठन और सहयोग को असंभव बना दिया है।'

गाँधी जैसे बड़े नेता जिन्होंने अस्पृश्यता–निवारण पर काफी काम भी किया था। उन्होंने भी डॉ. अम्बेडकर को कहा, 'यदि आप वर्णभेद का विनाश करना चाहते हैं, तो मैं आपके पक्ष में नहीं हो सकता।' इसी प्रकार के सामाजिक मुद्दे में टकराव के कारण दोनों नेता कभी एकजुट नहीं रह सके।

डॉ. अम्बेडकर की घोषणा के बाद, उन्हीं दिनों मैसूर के राजा ने घोषणा लागू कर दी, कि दरबार के दशहरा महोत्सव में दलित जाति के लोग भी शामिल हो सकेंगे। इसी तरह सर सी. पी. रामास्वामी अय्यर के प्रयत्न के फलस्वरूप त्रावणकोर रियासत ने अपने नियन्त्रण वाले मंदिरों के दरवाजे अछूतों के लिए खोल दिए थे।

नए दल की स्थापना

भारत के कानून के अनुसार 1937 में प्रान्तीय स्वायत्तता शासन–प्रणाली प्रभावी होने जा रही थी। इसलिए चुनाव की जोरदार तैयारियां शुरू हो गई थीं। डॉ. अम्बेडकर ने भी अपने सहयोगियों की मदद से नए दल की स्थापना की। जिसका नाम रखा गया 'स्वतन्त्र मजदूर दल'। यह दल अछूतों तक सीमित न होकर, मजदूरों और किसानों को भी अपने में समेटे हुए था। डॉ. अम्बेडकर को समाज के प्रत्येक शोषित व पीड़ित वर्ग से सहानुभूति रखते थे। वे पूंजीपतियों के प्रति सख्त रवैया रखते थे। उनके अनुसार दुनिया में दो ही वर्ग हैं अमीर और गरीब, शोशक और शोशित। एक तीसरा मध्यम वर्ग भी था, किन्तु वह बहुत छोटा था।

अपने दल की सारी तैयारियां पूर्ण कर लेने के बाद डॉ. अम्बेडकर आबो–हवा बदलने के लिए जेनेवा चले गए। वहाँ से वह एक सप्ताह के लिए लंदन भी पहुँचे और फिर 14 जनवरी, 1936 को भारत आ पहुँचे। कइयों का अनुमान था कि उनकी इस यात्रा में धर्मांतरण के बाद उनके विशेषाधिकार सुरक्षित रह पाएंगे या नहीं। वहीं एक मराठी अखबार ने उनके लंदन में ठहरने के दौरान यह समाचार छाप दिया

कि अम्बेडकर ने एक अंग्रेज युवती के साथ विवाह कर लिया है। इस विषय पर अम्बेडकर से पूछा गया तो पता चला कि यह एक महज अफवाह थी। जो सम्भवतः उनके विरोधियों ने प्रचारित कर दिया था।

मुंबई कौंसिल में कुल सीटों में से केवल 15 सीटें दलितों के लिए सुरक्षित थीं। स्वतन्त्र मजदूर दल ने अपने 17 उम्मीदवार चुनाव में खड़े किए थे। 17 फरवरी, 1937 को चुनाव सम्पन्न हुआ। अम्बेडकर की पार्टी के 17 में से 15 उम्मीदवार कांग्रेस के सशक्त विरोध के बाद भी जीत गए थे। अम्बेडकर की पार्टी की सफलता से महाराष्ट्र के दलितों में खुशी की लहर दौड़ गई थी। जबकि दलितों की सुरक्षित 15 सीटों में से कांग्रेस केवल 2 सीटें ही प्राप्त कर सकी थी। इससे सवर्ण और कांग्रेस पार्टी को जबरदस्त धक्का भी लगा।

19 जुलाई, 1937 को मुंबई प्रांत में कांग्रेस का मंत्रिमंडल बना। उसी दिन डॉ. अम्बेडकर ने भी गीता पर हाथ रखकर कसम ली थी।

चुने जाने के थोड़े दिनों बाद एक बिल मन्त्रियों के वेतन से सम्बन्धित आया, जिसमें पाँच सौ रुपये प्रति माह वेतन के साथ हाउस और कैरिज भत्ते आदि थे। डॉ. अम्बेडकर ने इस बिल पर अनेक आपत्तियाँ उठायी।

इसके साथ–साथ उन्होंने यह भी प्रमाणित किया कि सरकार और कम्युनिस्ट भी मजदूरों के हित नहीं बल्कि उनके नाम पर अपने राजनीतिक स्वार्थ पूरे करते हैं।

एक सरकारी बिल में अछूतों के लिए 'हरिजन' शब्द प्रयोग किए जाने की सिफारिश कांग्रेस की ओर से की गई थी। उसका विरोध दादा साहब गायकवाड़ व डॉ. अम्बेडकर ने किया था। यहाँ अछूतों का बहुमत होते हुए भी, मंडल में सवर्णों के बहुमत ने 'हरिजन' शब्द दलितों पर लागू कर दिया। इस पर डॉ. अम्बेडकर दल विरोध जताते हुए हाल से बाहर चले गए।

यही नहीं, महारों के गाँव में 'वतनी' जमीन है। जो कि चौकीदारी जैसी सरकारी नौकरी के बदले मिली हुई थी। उस जमीन के इतने छोटे–छोटे टुकड़े हो गए थे कि उससे उपज होना नामुमकिन था। परन्तु इसके लिए महार चौकीदारों को कई गुना सरकारी काम का

बोझा ढोना पड़ता था। इसलिए डॉ. अम्बेडकर ने वतनी प्रथा रद्द करने का बिल पेश किया, परन्तु कांग्रेस सरकार के कारण बिल पास न हो सका।

इसी तरह कोंकण की खेती–प्रथा, जो जमींदारी प्रथा पर आधारित थी, को समाप्त करने के लिए बिल पेश किया था। इसके लिए वे महाराष्ट्र के जिलों का मोर्चा कॉउन्सिल हॉल पर ले गए थे, परन्तु यहाँ भी उन्हें शिकस्त खानी पड़ी।

डॉ. अम्बेडकर चूंकि बुनियादी तौर पर दलितों के नेता थे। वही दलित जिसको अब एक मजदूर का नाम भी दिया गया था, यानी शोषित वर्ग। मजदूरों की जिन्दगी उन्होंने करीब से देखी भी थी और बहुत हद तक भोगी भी थी। इसलिए उनके दर्द को वह समझते भी थे। डॉ. अम्बेडकर ने उनके हकों के लिए लड़ना शुरू कर दिया था।

मिलों के बुनाई इत्यादि विभागों में अछूतों को नहीं रखा जाता था। इसी तरह रेलवे–विभाग में भी पोर्टर तक की नौकरी अछूत को नहीं दी जाती थी। कारण यही था कि स्टेशन मास्टर उनसे घरेलू काम करवाया करते थे। यदि पोर्टर अछूत रहेगा तो वे उनसे काम कैसे करवा सकते थे। डॉ. अम्बेडकर ने इस अन्याय के खिलाफ आवाज उठायी। मनमाड़ में रेलवे के अछूत मजदूरों की सभा में डॉ. अम्बेडकर ने विचार व्यक्त किए –'ब्राह्मणवाद और पूंजीवाद ये दो मजदूरों के दुश्मन हैं, क्योंकि ये दोनों समता, स्वतंत्रता तथा बंधुता के विरुद्ध हैं।'

वह मजदूरों में अत्यन्त लोकप्रिय नेता थे। सरकारी विरोध के बाद भी उन्होंने यह साबित कर दिया था। औद्योगिक विवाद बिल के अनुसार मजदूरों की हड़ताल करने के अधिकार को सरकार चाहे तो कुछ खास परिस्थितियों में अवैध घोषित कर सकती थी। इस नियम के विरुद्ध मुंबई प्रान्तीय ट्रेड यूनियन कांग्रेस और अम्बेडकर के स्वतंत्र मजदूर दल ने 7 नवम्बर, 1938 को मुंबई की मिलों और अन्य नगरों की मिलों में एक दिन की हड़ताल करने की घोषणा करके सफलतापूर्वक हड़ताल सरकार के विरोध में कर दिखाई थी।

जिन्ना के मुक्ति–दिवस में डॉ. अम्बेडकर का साथ

1939 का दूसरा महायुद्ध ब्रिटेन और जर्मनी में शुरू हुआ था। वायसराय ने भारत के विभिन्न राजनीतिक प्रतिनिधियों से मुलाकात की । यहाँ सरकार अपनी नीति को कांग्रेस में स्पष्ट न कर सकी। इस पर असहयोग की भावना से आठ प्रान्तों के कांग्रेस मंत्रिमंडलों ने त्याग–पत्र दे दिए थे। इस मौके पर मि. जिन्ना ने मुसलमानों को खुशी मनाते हुए मुक्ति दिवस मनाने का आदेश दिया। इस जश्न में डॉ. अम्बेडकर ने भी मुंबई के भेंडी बाजार में 'मुक्ति–दिवस' मनाने में मि. जिन्ना का साथ दिया था।

डॉ. अम्बेडकर ने इस मौके की स्थिति को भी स्पष्ट कर दिया था कि वह यह दिवस मनाने के लिए सिर्फ कांग्रेस का विरोध दर्शा रहे हैं। इसे हिन्दू–विरोधी बिल्कुल न समझा जाए। 1940 में मुस्लिम लीग ने पाकिस्तान की मांग पेश की और कुछ महीनों डॉ. अम्बेडकर ने 'पाकिस्तान का विचार' नामक ग्रंथ प्रकाशित करवाया।

इसमें उन्होंने सभी राजनीतिक दलों को पाकिस्तान के प्रश्न पर गंभीरतापूर्वक विचार करने के लिए प्रेरित करते हुए बताया कि हिन्दू और मुसलमान राष्ट्र के विभाजन में दोनों ही वर्गों की भलाई है। यह भी कहा कि हिन्दू–मुस्लिम एक–दूसरे के भय से मुक्त नहीं हो सकते। उन्होंने आबादी के परिवर्तन का भी सुझाव दिया।

इसी ग्रंथ से उन्होंने सवर्ण हिन्दुओं की भी आलोचना की, परन्तु उससे ज्यादा मुसलमानों की कटु आलोचना की गई। उन्होंने मुसलमानों को राजनीतिक हित पाने के लिए जो मार्ग अपनाया, उसे लुटेरों का तरीका कहा।

अपने मजदूर दल की हैसियत से डॉ. अम्बेडकर ने मुंबई के गर्वनर को महार बटालियन की स्थापना करने का सुझाव दिया। यह सुझाव मान लिया गया, जिससे डॉ. अम्बेडकर ने महार लोगों को सेना में भरती होने का आदेश दिया। इससे वायसराय ने डॉ. अम्बेडकर को 'सुरक्षा सलाहकार समिति' का सदस्य मनोनीत कर दिया। आगे डॉ. अम्बेडकर ने इस बात की भी शिकायत की कि वायसराय की कार्यकारिणी समिति में दलितों के प्रतिनिधि को कोई जगह नहीं दी गई है।

मार्च, 1942 में ब्रिटिश सरकार की ओर से सर स्टफर्ड क्रिप्स एक योजना लेकर आए। इस क्रिप्स योजना में प्रान्तों को भारतीय संघ से अलग होने का आत्मनिर्णय करने का अधिकार दिया गया था। इसे प्रायः सभी दलों ने अस्वीकार कर विरोध जता दिया था। डॉ. अम्बेडकर ने तो इसे दलितों की उपेक्षा करने के लिए एक विश्वासघात बताया जो दलितों के साथ इसके मसौदे में किया गया था।

1942, भारत छोड़ो आन्दोलन

1942, में भारत छोड़ो आन्दोलन शुरू हुआ था। यह साल क्रान्तिकारी मायने से पूर्ण था। गाँधी जी ने अपने भाषण के बाद संक्षिप्त नारा दिया, 'हम करेंगे या मरेंगे।' किन्तु डॉ. अम्बेडकर ने इस ओर कोई रुचि नहीं दिखाई। उनका मकसद दलित हित ही था। जिसे वह किसी देश–प्रेम की तरह ही मानते थे। समाज उन्नत न हो तो देश स्वतंत्र कैसा?

भारत छोड़ो आन्दोलन के कारण बड़े–बड़े कांग्रेसी नेता गिरफ्तार किए जा रहे थे। इससे उत्साहित जनता जोश से भर गई थी। सरकार भी आंदोलन कुचलने में लगी थी, जिसके लिए उसने दमन–चक्र चलाकर आन्दोलन पर काबू भी पा लिया था।

गाँधी जी अपने कर्मपूर्वक आन्दोलन की बागडोर संभाले हुए थे। उन्होंने फरवरी, 1943 में जहाँ वह कैद थे। उस आगा खां पैलेस में 21 दिन का उपवास शुरू कर दिया था। गाँधी जी के प्रति देश की सहानुभूति बढ़ती चली जा रही थी। गाँधी जी के उपवास से नेताओं को भी कम सहानुभूति नहीं थी। इसके लिए कई नेताओं ने बापूजी के समर्थन में वायसराय की कार्यकारिणी समिति से त्यागपत्र दे दिए थे। किन्तु डॉ. अम्बेडकर समिति में बने रहे।

डॉ. अम्बेडकर ने श्रम–सदस्य की हैसियत से मजदूरों की भलाई में अपना ध्यान केन्द्रित रखा और जो उनके लिए कर सकते थे, वह सब करने की कोशिश की। उन्हीं के कारण भारत सरकार के रेलवे, कस्टम, टेलिग्राफ आदि विभागों में 8.33 प्रतिशत नौकरियां सुरक्षित की गईं। यही नहीं जहाँ सामान्य प्रतियोगियों से पूरी फीस वसूली जाएगी

वहीं अछूत उम्मीदवारों से उस फीस का केवल एक चौथाई भाग ही लिया जाएगा। वैसे संख्या के आधार पर अछूतों को 12.7 प्रतिशत नौकरियां सुरक्षित होनी चाहिए, यह स्वीकृति भी डॉ. अम्बेडकर सरकार से प्राप्त कर चुके थे। इसमें कोई शक नहीं कि अछूतों के विकास के लिए डॉ. अम्बेडकर ने अपनी पूरी ताकत लगा दी।

डॉ. अम्बेडकर ने दलितों की भलाई का कार्य करते हुए कोई समझौता दबाव में आकर नहीं किया। किन्तु इन दिनों में उन्होंने गाँधी जी को पत्र लिखकर दलितों के प्रश्न पर समझौता करना चाहा, परन्तु गाँधी जी ने उनको टका सा जवाब दिया कि उनके इस प्रश्न पर मौलिक मतभेद हैं। जैसा कि हम जान ही चुके हैं गाँधी– अम्बेडकर के मतभेद वर्ण–व्यवस्था के प्रश्न को लेकर ही हुए थे।

गाँधी जी को आगा खां पैलेस से मुक्त कर दिया गया था। गाँधी जी के आशीर्वाद पर श्री राजगोपालाचार्य ने एक पाकिस्तानी योजना मि. जिन्ना के सामने 1944 में रखी थी। जिसे उन्होंने स्वीकार नहीं किया था।

क्रिप्स–योजना में पाकिस्तान की मांग के अनुसार विभाजन होने का सिद्धांत था। इस बार गाँधी जी पाकिस्तानी योजना को लिए मि. जिन्ना से समझौता करने के लिए मुंबई जा पहुंचे, किन्तु परिणाम कुछ नहीं निकला। परन्तु यहाँ मुख्य बात यह थी कि गाँधीजी ने समझौते की चाह रखने वाले डॉ. अम्बेडकर को महत्त्व न देकर उपेक्षा का पात्र ही बनाया क्योंकि क्रिप्स–योजना में अछूतों की मांग को कोई महत्त्व नहीं दिया गया था।

पग–पग पर संघर्ष ही संघर्ष

भारतीय राजनीति में क्रिप्स–योजना और राजाजी की योजना के बाद हिन्दू–मुस्लिम समान प्रतिनिधित्व की बातें शुरू हो गईं। उसके पश्चात वेवल–योजना बनी। 2 जून, 1945 को वायसराय ने ब्रॉडकास्ट भाषण में कहा कि प्रस्तावित नई कौन्सिल प्रमुख जातियों का प्रतिनिधित्व करेगी और इसमें सवर्ण हिन्दू और मुसलमान सदस्यों की संख्या समान होगी।'

बाद में कांग्रेस ने सवर्ण हिन्दू संस्था बनाकर इसी योजना को शिमला कॉन्फ्रेंस में स्वीकार किया। किन्तु जिन्ना के अड़ियल रवैये के कारण शिमला कॉन्फ्रेंस योजना ठप हो गई।

शिमला कॉन्फ्रेंस के बाद इंग्लैंड में मजदूर सत्ता पार्टी में आई। वायसराय ने नए चुनाव की घोषणा की। डॉ. अम्बेडकर ने शेड्यूल्ड कास्ट्स फेडरेशन की ओर से चुनाव–आंदोलन शुरू किया। इस मौके पर सरदार पटेल ने कांग्रेस मंत्रिमंडल का पहला काम जतलाया कि पहला काम अस्पृश्यता को कानूनन समाप्त करना होगा। इन दिनों के आंदोलन के बाद एकाएक कांग्रेस अत्यधिक लोकप्रिय होती चली गई थी। कारण, इस समय पूर्ण राजनैतिक स्वतन्त्रता का सवाल भी चल रहा था। इसका नतीजा यह निकला कि संयुक्त चुनाव–प्रणाली के कारण चुनाव में शेड्यूल्ड कास्टस की पूर्णतया हार हुई। डॉ. अम्बेडकर के प्रयत्नों और नेतृत्व पर तथा दलित जाति की फेडरेशन पर यह निश्चित तौर पर एक करारा झटका था।

डॉ. अम्बेडकर वायसराय की कार्यकारिणी समिति के सदस्य थे, फिर भी उनको अछूतपन के कारण अपमानित होना पड़ा।

ब्रिटेन के प्रधानमंत्री मि. एटली ने 16 मार्च, 1946 को घोषणा की– 'हम अल्पसंख्यक दल को बहुसंख्यकों की प्रगति में बाधक नहीं बनने देंगे।' यह डॉ. अम्बेडकर के प्रयत्नों पर एक और झटका था। फिर भी उन्होंने हार नहीं मानी। 24 मार्च, 1946 को ब्रिटिश मंत्रिमंडल भारत आया। इस मिशन ने सभी भारतीय नेताओं से मुलाकातें की। 5 अप्रैल, 1946 को डॉ. अम्बेडकर अल्पंसख्यक–प्रतिनिधि के तौर पर मिशन से मिले। उन्होंने दलितों के लिए अलग से चुनाव की मांग की किन्तु मिशन पर इस बात का कोई प्रभाव नहीं पड़ा। उसके पश्चात भी कई घोषणाएं जैसे कि अधिकार–सम्बंधी योजना तथा अन्तःकालीन सरकार संबंधी योजना की घोषणा की गई। तब भी दलित जाति ने फेडरेशन की मांगों को उपेक्षित ही रहने दिया। बावजूद इसके, महाराष्ट्र में दलित कार्यकर्त्ता अपने संगठन को मजबूत बनाने में ही जुटे रहे। इस कारण सवर्ण व दलित समाज में कटुता का भी संचार उग्र हो गया था।

मिशन–योजना में अछूतों की पूर्णतया उपेक्षा किए जाने से देश

भर के अछूत समाज में खासा रोष था। महाराष्ट्र में इसका सबसे ज्यादा असर पड़ा था। यहाँ के अछूतों ने मिशन–योजना के प्रति विरोध प्रदर्शन करते हुए एक जुलूस निकाला। जहाँ अखिल भारतीय कांग्रेस कमेटी की बैठक हो रही थी। प्रदर्शनकारियों ने वहाँ कावसजी जहांगीर हाल की तरफ जाने वाले नेताओं को काले झण्डे दिखाकर अपना विरोध प्रकट किया। जुलूस का मकसद मिशन–योजना और कांग्रेस की नीति का विरोध प्रकट करना था।

15 जुलाई, 1946 को कौन्सिल हाल और पूना के सेक्रेटरिएट से आधा मील के आस–पास सभा–जुलूस न करने का भी प्रावधान लागू किया गया था। जिसका उल्लंघन करके दलितों का सत्याग्रह शुरू हुआ। इस सत्याग्रह के कारण सरकार को बारह दिनों तक असेम्बली के अधिवेशन को स्थगित करना पड़ा। इसमें कुल 1150 सत्याग्रही गिरफ्तार किए गए, जिनमें 128 महिलाएं थीं। इनमें किसी को 15 दिन की तो किसी को तीन महीने तक की सजाएं दी गईं।

मुस्लिम लीग ने पूर्ण पाकिस्तान की मांग करते हुए 29 जुलाई, 1946 को मिशन के दीर्घकालीन तथा अन्तःकालीन दोनों प्रस्तावों को ठुकरा दिया था। पाकिस्तान की मांग को लेकर मुस्लिम लीग ने 'खुला' संघर्ष दिवस मनाकर हिन्दुओं और कांग्रेस सरकार के विरुद्ध विद्रोह कर दिया था। यही नहीं मुसलमान उपद्रवियों ने कलकत्ता और नोआखाली में हिन्दुओं पर पाशविक अत्याचार किए, जिसके शिकार अछूत व सवर्ण दोनों प्रकार के हिन्दू थे।

मुस्लिम लीग द्वारा मिशन–योजना ठुकरा दिए जाने से वायसराय ने कांग्रेस को अन्तःकालीन सरकार गठित करने के लिए 24 अगस्त को बिना शर्त पर आमन्त्रित किया। इस अन्तःकालीन सरकार के 14 सदस्यों के नामों की घोषणा की गई। इसमें श्री जगजीवनराम दलित जाति के सदस्य थे। डॉ. अम्बेडकर ने ब्रिटिश प्रधानमंत्री मि. एटली को तार देकर मांग की कि केन्द्रीय सरकार में अछूतों को कम से कम दो सीटें मिलनी चाहिए।

कांग्रेस के हाथों में समूची सत्ता आते देख लीग को अपने लिए खतरा महसूस हुआ। इसलिए वह अन्तःकालीन सरकार में शामिल हो

गई और उसने कांग्रेस की तर्ज पर अपने कोटे से दलित जोगेन्द्रनाथ मंडल को शामिल किया। गाँधी जी को यह बात खटकी कि जिन्ना हिन्दू–मुस्लिम दो राष्ट्र मानते हैं तो हरिजन को किस राष्ट्र के तहत लीग में शामिल किया, जबकि लीग मुस्लिमों की संस्था है। किन्तु यह परिणाम तो उस बात का था कि गाँधीजी ने हरिजनोद्धार से ज्यादा मुस्लिमोद्धार को महत्त्व दिया था। यह बात जो भी रही, फिलहाल दलित फेडरेशन की दो सीटों की मांग पूरी हो गई थी।

अबकी बार दलित फेडरेशन ने नागपुर में 3 सितंबर, 1946 को सत्याग्रह शुरू किया। किन्तु चार दिन के बाद ही सी.पी. असेम्बली की बैठक स्थगित हो जाने से सत्याग्रह अपने से ही बन्द कर देना पड़ा। इन चार दिनों में भी सैकड़ों सत्याग्रही गिरफ्तार किए गए थे।

दलितों के हक के लिए अन्तिम प्रयत्न करते हुए डॉ. अम्बेडकर 15 अक्टूबर, 1946 को लंदन गए जहां उन्होंने मंत्रियों और राजनीतिज्ञों से मुलाकात की। वास्तव में इस समय ब्रिटिश सरकार की रुचि दलितों की मांगों के प्रति नहीं थी। इसलिए उन्होंने कहा गया कि आप अपने अधिकारों के लिए प्रयास अपनी ही विधान–परिषद में कीजिए।

इस तरह डॉ. अम्बेडकर को दलितों के न्याय के लिए संघर्ष करते हुए पग–पग पर ठोकर खानी पड़ रही थी। चूंकि ब्रिटिश सरकार के हाथों से भारतीय शासन अब पूरी तरह फिसलता जा रहा था, इसलिए वे दलितों की मांग पर क्या विचार करते और हिन्दुस्तान में दलितों की वैसे ही कोई पूछ नहीं होती थी।

• • •

चतुर्थ अध्याय

स्वतंत्र भारत में अम्बेडकर की नई भूमिका

स्वतंत्र भारत के प्रथम 'लॉ मिनिस्टर'

ब्रिटिश पार्लियामेंट में भारतीय स्वाधीनता ऐक्ट 15 जुलाई, 1947 को पास कर दिया गया।

तब पंडित जवाहरलाल नेहरू ने डॉ. अम्बेडकर को लॉ मिनिस्टर का पद संभालने की पेशकश दी। इस पेशकश से डॉ. अम्बेडकर को सुखद व आश्चर्यजनक अनुभूति भरा धक्का लगा था कि उन्हें स्वतन्त्र भारत का कानून मंत्री बनने का सौभाग्य दिया जा रहा है। उन्होंने इसे स्वीकार कर लिया।

संविधान समिति के अध्यक्ष बने

15 अगस्त, 1947 को भारत और पाकिस्तान दो अलग–अलग और स्वतन्त्र राष्ट्र बन गए। भारत की स्वतन्त्र विधान परिषद ने 29 अगस्त, सन् 1947 को संविधान का मसौदा बनाने के लिए एक समिति बनाई। उस समिति के अध्यक्ष के रूप में विधि–शास्त्र के विद्वान डॉ. अम्बेडकर को बनाया गया।

डॉ. अम्बेडकर के अलावा इस मसौदा–समिति में छह अन्य सदस्य थे। ये छहों के छह सदस्य किसी न किसी कारण से डॉ. अम्बेडकर का सहयोग न दे सके। जिस कारण मसौदा–समिति की बैठक में डॉ. अम्बेडकर अपने सेक्रेटरी के साथ ही उपस्थित होते और अकेले ही इस जटिल प्रक्रिया को पूरा करने में जुटे रहते थे।

डॉ. अम्बेडकर ने संविधान लिखने के कार्य में योग्यतापूर्ण भाव से सफलता प्राप्त की और इस मसौदे को 4 नवम्बर. 1948 को विधानसभा में पेश किया। इसमें 8 सूचियां और 315 धाराएं थीं। डॉ. अम्बेडकर के इस कठोर परिश्रमपूर्ण व विद्वतापूर्ण कार्य की सबने खुलकर प्रशंसा की।

25 नवम्बर, 1948 को डॉ. अम्बेडकर ने विधानसभा में अपना वक्तव्य पेश किया,''मैं विधानपरिषद में क्यों आया? इसलिए ताकि

अछूत वर्ग के हितों की रक्षा कर सकूं। इससे ज्यादा मुझे और क्या खुशी होगी कि मुझे इतनी बड़ी जिम्मेदारी सौंपी गई। जिसकी मुझे कल्पना तक नहीं थी। मुझे अत्यन्त आश्चर्य हुआ जब विधानसभा ने मुझे मसौदा–समिति में नियुक्त कर सेवा करने का अवसर दिया। इस कार्य के लिए मैं उनके प्रति अपनी कृतज्ञता प्रकट करता हूँ।'

डॉ. अम्बेडकर ने जो भाषण दिया, उससे सभी प्रभावित हुए। इस तरह अगले दिन यानी 26 नवम्बर, 1948 को विधानसभा ने विधान का मसौदा बिल पास किया। इस पर विधानसभा के अध्यक्ष डॉ. राजेन्द्र प्रसाद ने कहा,'अध्यक्ष पद पर बैठकर मैं प्रतिदिन की कार्रवाई देखता रहा इसलिए मसौदा–समिति के सदस्य विशेषकर डॉ. अम्बेडकर – इन्होंने कितनी निष्ठा तथा उत्साह से अपना कार्य पूर्ण किया, इसकी कल्पना औरों की अपेक्षा मुझे अधिक है। इस मसविदा–समिति में डॉ. अम्बेडकर को शामिल करने और उसका अध्यक्ष नियुक्त करने से बढ़कर अच्छा कार्य हम दूसरा न कर सके।'

महाड़ घटना के समय जिसने 'मनुस्मृति' का दहन किया था। उन्हीं डॉ. अम्बेडकर को 'आधुनिक मनु' की संज्ञा दी गयी।

मुंबई दलित जाति फेडरेशन ने 11 जनवरी, 1950 को स्वर्ण–करंडक में डॉ. अम्बेडकर का सम्मान करते हुए उन्हें भारतीय संविधान की प्रति भेंट की।

विधानशास्त्री डॉ. अम्बेडकर कोलंबिया यूनिवर्सिटी द्वारा भी सम्मानित किए गए। उन्हें यह सम्मान 5 जून, 1952 को एल.एल.डी. की डिग्री देकर सम्मानित किया गया ।

द्वितीय विवाह

संविधान को पूरा करने के लिए डॉ. अम्बेडकर ने बीस–बीस घण्टे काम किया। विश्व भर के जनतान्त्रिक देशों और अन्य दूसरे देशों के संविधानों का उन्होंने अध्ययन किया। इस कार्य के लिए उन्होंने अपने शरीर से हाड़–तोड़ मेहनत करवायी। फलस्वरूप शारीरिक व मानसिक थकावट का असर उनके शरीर पर पड़ा। पूर्ण विश्राम लेने के लिए ही वह मुंबई आ गए।

यहाँ इलाज के दौरान उनकी भेंट डॉ. मिस सविता कबीर से हुई।

इलाज के समय व बाद में भी वह उनके प्रति चिन्तित रहती थीं। क्योंकि उन्हें 'न्यूरोटिक पेन' प्रायः उठ जाया करता था। जिस वजह से उनकी नींद भी हराम हो गई थी। उनके स्वास्थ्य में भी गिरावट आती जा रही थी। उन्हें अपनी देखभाल के लिए एक साथी की जरूरत महसूस होने लगी थी।

डॉ. कबीर और डॉ. अम्बेडकर दोनों एक दूसरे से प्रभावित थे और एक–दूसरे को जानने लगे थे। फिर क्या था, दोनों ने शादी का निश्चय कर लिया। वैसे डॉ. अम्बेडकर ने पुनर्विवाह न करने का फैसला लिया था। किन्तु अब ऐसा फैसला, जबकि वह बीस वर्ष तक विधुर जीवन बिता चुके थे। यह सोचकर वह संशय से भर गए थे।

उनका सोचना भी सही था, उस समय के समाज–सुधारकों और बड़े नेताओं ने उनके इस रवैये का विरोध किया। उनके दृढ़ स्वभाव ने बाहरी लोगों की परवाह न करके 15 अप्रैल, 1948 को डॉ. मिस सविता कबीर से शादी कर ली। यह शादी सिविल मैरेज एक्ट के अनुसार डिप्टी कमिश्नर की उपस्थिति में डॉ. अम्बेडकर के निवास–स्थान, हार्डिंग एवेन्यू, नई दिल्ली में हुई थी।

श्रीमती सविता अम्बेडकर जो शादी से पहले मिस कबीर व एक सारस्वत ब्राह्मण थीं। कुछ लोगों ने डॉ. अम्बेडकर को बदनाम करने की कोशिश की थी। उनके अनुसार डॉ. अम्बेडकर जो स्वयं एक दलित हैं, एक ब्राह्मण लड़की से शादी करके अपनी मानसिक तुष्टि को शान्त करना चाहते हैं। कुछ लोगों ने इसे सामाजिक पतन वाला कार्य बतलाया तो किसी ने इसे एक अन्तर्जातीय विवाह का उदाहरण बनाने की कोशिश बतलाई।

डॉ. अम्बेडकर इन विरोधियों के तर्कों से अनजान नहीं थे। किन्तु उन्हें शायद मालूम नहीं था कि समाज के एक ऐसे तबके को उनकी शादी से इतनी बड़ी दिक्कत होने लगेगी। यह बवंडर कुछ समय बाद शान्त पड़ने लगा था। किन्तु डॉ. अम्बेडकर का पुनर्विवाह का फैसला उनकी जिन्दगी के लिए सटीक व सफल था। इसलिए दोनों का विवाह अन्त तक सफल भी रहा।

हिन्दू कोड बिल का बवाल

'हिन्दू कोड बिल' के अन्तर्गत उत्तराधिकार, गुजारा, (भरण–पोषण) विवाह, तलाक, गोद लेना, नाबालिगपन और अभिभावकता के कानून पर हिन्दुत्व की एकता तथा प्रगतिशीलता की दृष्टि से विचार करना इत्यादि पर था। हिंदू कानून की कुछ इन्हीं शाखाओं को नियमबद्ध करने तथा उनमें संशोधन करने के लिए ब्रिटिश सरकार ने 1941 में राव–कमेटी नियुक्त की थी। डॉ. अम्बेडकर ने 1948 में इसी 'हिन्दू कोड बिल' को लोकसभा में पेश किया था। जो कि कानून पर हिंदुत्व की एकता तथा प्रगतिशीलता की दृष्टि से विचार किया गया था।

डॉ. अम्बेडकर वास्तव में नैतिकतावादी थे। उन्होंने आजीवन सामाजिक उन्नति के प्रश्न पर ही विचार किया था। किन्तु यह उनकी बदकिस्मती ही रही थी कि उन्हें एक दलित नेता के रूप में ही स्वीकारा जाता था। जो कि उनके हितों की ही बात करता है। वास्तव में ऐसा नहीं था। उन्होंने मौका मिलते ही समय–समय पर अपनी देशभक्ति का परिचय भी दिया था।

वे कानून मंत्री की हैसियत से कांग्रेस में आए भी इसलिए थे कि वे इस बहाने देश की सेवा कर सकेंगे। यदि ऐसा न होता तो वह भी आराम से बैठकर ऐश्वर्य की राजनीति कर सकते थे। अपना खाते–पीते रहते और मस्त रहते।

यह कांग्रेस सरकार वही थी, जिसके कभी वे विरोधी हुआ करते थे। उसी कांग्रेसी सरकार में आकर जब वह कार्य करने लगे तो उन्होंने कन्धे से कन्धा मिलाकर कार्य करने में ही विश्वास किया था। किन्तु यहाँ उनके विरोधी अधिक थे जो पुराने समय की याद को ताजा रखते हुए अपनी शत्रुता निभाने से बाज नहीं आते थे।

यही वजह है कि जब डॉ. अम्बेडकर ने 24 फरवरी, 1949 को हिन्दू कोड बिल को बहस के लिए रखा और उसका स्पष्टीकरण करते हुए अपने भाषण में एक जगह कहा –'आप हिन्दू–प्रणाली, हिन्दू संस्कृति और हिंदू समाज की रक्षा करना चाहते हैं, तो उसमें जो विकृतियां आ गई हैं, उसको सुधारने में तनिक भी हिचकिचाहट न करें। हिन्दू कोड बिल हिन्दू–प्रणाली के केवल उन्हीं अंशों का सुधार चाहता है, जो विकृत हो गए हैं।'

नेहरू जी यहाँ भी डॉ. अम्बेडकर के प्रति सकरात्मक रवैया अपनाए हुए थे। तभी उन्होंने हिन्दू कोड बिल को बहस के लिए जाने दिया था। किन्तु अन्य दूसरे हिन्दुओं ने इस बिल के विरोध में बवाल मचा दिया था।

यह देखकर नेहरू को कहना पड़ गया कि यदि यह बिल पास नहीं हुआ तो वह प्रधानमंत्री पद से त्याग–पत्र दे देंगे। हिन्दू कोड बिल के खिलाफ बहुत से कांग्रेसी थे। जिनमें डॉ. राजेन्द्र प्रसाद और सरदार पटेल जैसे राजनीतिज्ञ भी शामिल थे। इनके अलावा सरदार हुक्म सिंह और ठाकुरदास भार्गव जैसे व्यक्ति भी थे, जो उनके प्रमुख विरोधियों में से थे। जो उनको धर्मशास्त्रों के विरुद्ध कार्य करने वाला धर्मविद्रोही मानते थे। किन्तु नेहरू जी उनका साथ देते रहे, यही वजह है कि यह बिल फिर 5 फरवरी, 1951 को उन्होंने पेश किया। वह चाहते थे कि समय का अनुसरण करते हुए हिन्दू समाज अपने को वहाँ बदले जहाँ उसकी जरूरत है यानी पुनर्गठित करे और आधुनिकता के अनुरूप अपने को ढाले।

इस बिल पर तीन–चार दिन तक बहस चलती रही और फिर बिल को स्थगित भी कर दिया गया। क्योंकि कांग्रेसी नेताओं में अधिकतर न केवल इस बिल के विरोध में थे अपितु वे डॉ. अम्बेडकर के भी खिलाफ थे।

इसी बात को डॉ. अम्बेडकर ने 14 अप्रैल, 1951 को नई दिल्ली में 'अम्बेडकर भवन' का शिलान्यास करते हुए सरकार की आलोचना करते हुए कहा कि भारत सरकार दलितों के हितों के प्रति संवेदनशील नहीं है। इस कारण डॉ. अम्बेडकर से कई प्रश्न पूछे गए जिनके उन्होंने जवाब भी दिए।

इस पर अखबार वालों ने मंत्रिमंडल में संयुक्त और व्यक्तिगत दायित्व के प्रश्न उठाए। 17 सितम्बर, 1951 को पुनः हिन्दू कोड बिल पेश किया गया और मतदान की स्वतन्त्रता भी दी गई। इस बार संसदीय दल ने बिल को एक साथ पारित न करके कई भागों में पास कराने की योजना बनायी। इस तरह पहला भाग 'मैरिज और डायवर्स' को पास करवाया गया।

अम्बेडकर का मंत्री पद से इस्तीफा

इस बिल पर बाद में नेहरू ने डॉ. अम्बेडकर से कहा कि इस बिल को और आगे न बढ़ाकर यही पर समाप्त कर दिया जाए। जबकि बिल की चार धाराएं पास हो चुकी थीं और वह बिल पनप पाता इससे पहले असमय ही इस बिल का अन्त भी कर दिया गया। इस बात से डॉ. अम्बेडकर को बहुत कष्ट पहुँचा।

उन्होंने एक बार कहा भी –'मैंने यह विचार ग्रहण किया कि प्रधानमंत्री में वैसे कर्तव्यनिष्ठा थी, परन्तु हिन्दू कोड बिल के पास करवाने के लिए उनमें वैसी तत्परता व दृढ़–संकल्प न थे।' इस तरह के विचारों से उन्होंने फैसला लिया कि वह मंत्रीपद पर नहीं रहेंगे।

अक्टूबर, 1951 का कोई दिन था। डॉ. अम्बेडकर ने नेहरू जी को त्याग–पत्र सौंप दिया। जिसे उन्होंने स्वीकार लिया था और कहा कि अपने त्यागपत्र के संबंध में कहने वाले वक्तव्य की एक कॉपी मुझे दें।

उसके बाद, डिप्टी स्पीकर ने डॉ. अम्बेडकर को 'माननीय मंत्री' कहकर सम्बोधित किया तो उन्होंने टोकते हुए कहा,' वह अब मन्त्री नहीं रहे।' कहकर सदन से बाहर निकल गए थे।

आहत से लबरेज, चुनावों में हार

डॉ. अम्बेडकर ने हिन्दू कोड बिल को संसद में लाकर एक लम्बी प्रक्रिया के तहत प्रतीक्षारत रहे कि वह समय आयेगा, जब बिल पास होगा और हिन्दू–प्रणाली की खामियाँ दूर की जा सकेंगी। किन्तु कांग्रेसी सदस्यों की उनके प्रति परम्परागत विरोधी भावना ने बिल का वो हाल किया कि उनका दिल टूट पड़ा और वे मंत्रीमंडल से बाहर आने के लिए छटपटाने लगे। संसद में और अधिक दिनों तक बने रहने का तुक भी उन्हें समझ नहीं आता था। वह तो चाहते थे कि इस बिल के द्वारा हिन्दुओं में जीवन–मूल्यों की स्थापना हो। परन्तु सुधार–विरोधी तत्त्वों ने जो हश्र किया कि एक प्रबल आशावादी पुरुष भी लगभग टूटकर बिखरने लगा।

त्यागपत्र के बाद वह मुंबई चले आए। यहाँ उन्होंने लोकसभा चुनाव लड़ने के लिए शेड्यूल्ड कास्ट्स फेडरेशन और समाजवादी

पार्टी से गठबंधन किया और चुनाव–आंदोलन में उतर पड़े। किन्तु, जनवरी, 1952 के इस प्रथम चुनाव में वह सनसनीखेज तरीके से हार गए। उनकी हार आश्चर्य और चर्चा का विषय थी। समझा जाता है कि डॉ. अम्बेडकर की मुसलमानों को यह सलाह कि उनको पृथक चुनाव लड़ने का महत्त्व समझाया था, जो हिन्दुओं के गले नहीं उतरी और यही वजह उनकी सनसनीखेज हार का कारण बनी थी।

उसके बाद डॉ. अम्बेडकर मार्च, 1952 में राज्यसभा के सदस्य बनाए गए। दुबारा चुनाव आने पर वह मई, 1954 में लोकसभा के लिए नागपुर विभाग के भंडारा उप–चुनाव में खड़े हुए और उसमें भी हार गए। उन्होंने बड़े विक्षोभ मन से दर्द प्रकट करते हुए कहा –'स्पृश्य हिन्दुओं के बहुमत के आधार पर गाँधीजी और उनकी कांग्रेस ने मेरा और मेरे पक्ष का राजनीतिक जीवन समाप्त कर दिया।' यह कथन उनके आहत मन की दुर्दशा को दर्शा रहा था।

बौद्ध धर्मानुयायी बन गए

डॉ. अम्बेडकर को अपनी हार की सूचना अखबारों के माध्यम से वहाँ मिली थी। जब वह बुद्ध जयन्ती समारोह में भाग लेने रंगून गए हुए थे। पराजय की खबर पाकर वह दिल्ली लौट आए थे।

पराजय की हार से वह टूट रहे थे। मन में जैसे एक विरक्ता पैदा हो रही थी। वे किस रास्ते की ओर बढ़ें, तय करने में सोच–विचार जरूरी था। हिन्दू धर्म ने उन्हें कदम–कदम पर आहत किया था, किन्तु वह उससे दूर भी नहीं जाना चाहते थे। तब भी, कभी उन्होंने 1935 में धर्मांतरण की बात करते हुए कहा था कि मैं हिन्दू धर्म में पैदा हुआ हूँ परन्तु मैं हिन्दू धर्म में मरूंगा नहीं। उन्हें लगता था कि वह समय आ गया है कि उन्हें और उन जैसे अनेकों दलित लोग धर्मांतरण कर लें। उस धर्म में जहाँ असमानता न हो और वे लोग सम्मान के साथ जी सकें।

कई धर्मों का वह अध्ययन करके भी निर्णय नहीं कर पाए थे। वैसे बौद्ध धर्म के प्रति उनकी आस्था व आकर्षण का भाव बचपन से ही था। धर्म बदल लेने के लिए उन्होंने न तो जल्दबाजी की थी और न ही किसी प्रलोभन में या दबाव में आए थे।

उन्होंने कभी कहा भी था–'हम भारत के मूल निवासी हैं और हम किसी ऐसे धर्म को स्वीकार नहीं कर सकते, जो हमारा भारत–प्रेम बांट कर या छीनकर विदेश में ले जाने के कारण बने।'

यही कारण रहा कि हिंदू धर्म से हजारों–हजार शिकायतें होने के बाद भी डॉ. अम्बेडकर के मन के कोने में हिन्दू धर्म के प्रति जगह बाकी थी। शायद इसी वजह से उन्होंने कहा–'मैं नहीं चाहता कि भारत में देश के विध्वंसक के तौर पर मेरा नाम रहे।'

डॉ. अम्बेडकर का बौद्ध धर्म के प्रति झुकाव बढ़ता दिख रहा था जिसका एक कारण यह भी था कि बौद्ध धर्म हिन्दू धर्म के करीब था। बौद्ध धर्म पर भी हिन्दू कानून लागू होता था। आखिरकार 14 अक्टूबर, 1956 को नागपुर में उन्होंने अपने धर्मांतरण की प्रतिज्ञा पूरी की।

14 अक्टूबर, 1956 की सुबह 9 बजे बौद्ध दीक्षा समारोह आंरम्भ हुआ था। जिसमें लाखों दलित धर्मांतरण की इच्छा से एकत्र हुए थे। इस धर्मांतरण–समारोह को देखने के लिए भी हजारों की संख्या में सवर्ण हिन्दू उपस्थित हुए थे।

बर्मा के वृद्ध बौद्ध भिक्षु चन्द्रमणि महास्थविर ने डॉ. अम्बेडकर को त्रिशरण–पंचशील का उच्चारण करवाकर बौद्ध धर्म की दीक्षा दी थी। उनके साथ उनकी पत्नी सविता अम्बेडकर और पुत्र यशवन्त अम्बेडकर ने भी बौद्ध धर्म को ग्रहण कर लिया था। इसी अवसर पर कई सवर्ण हिन्दुओं ने भी बौद्धधर्म की दीक्षा ली जिनमें औरंगाबाद के मिलिंद कॉलेज के प्रिन्सिपल श्री चिनीस और नागपुर हाईकोर्ट के भूतपूर्व न्यायाधीश श्री भवानीशंकर नियोगी इत्यादि भी शामिल थे।

इस मौके पर कई हिन्दू अखबारों ने डॉ. अम्बेडकर की कटु आलोचना भी की थी कि वह दलितों को भी गुमराह करके धर्मांतरण करवा रहे हैं कि इससे उनके भी राजनैतिक अधिकार जो मिलें हैं वे धर्मांतरण के बाद समाप्त हो जाएंगे।

किन्तु डॉ. अम्बेडकर पर विश्वास करने वाले दलितों ने उन पर अपना पूर्ण विश्वास कायम रखा कि जैसे डॉ. अम्बेडकर ने उन्हें कई अधिकार दिलवाए हैं। आगे भी वे ही उनके अधिकारों को दिलवा पाने में समर्थ रहेंगे।

डॉ. अम्बेडकर ने धर्मांतरण पर बोलते हुए कहा –'मैंने यह प्रतिज्ञा की थी कि यद्यपि मैंने हिन्दू धर्म में जन्म लिया है, तो भी हिंदू धर्म में मरुंगा नहीं। ऐसी प्रतिज्ञा मैंने आज से 21 वर्ष पहले की थी और उसे आज पूरा भी कर दिखाया। इस धर्मांतरण से मैं बड़ा ही खुश हुआ हूँ और प्रफुल्लित हो उठा हूँ। मुझे ऐसा मालूम होता है कि मैं नरक से छुटकारा पा गया हूँ।'

...और सारे पड़ाव पार कर लिए

डॉ. अम्बेंडकर काठमांडू में आयोजित बौद्ध धर्म परिषद में भाग लेने 15 नवम्बर, 1956 को नेपाल आए थे। यहाँ उन्होंने 'बुद्ध और मार्क्स' विषय पर व्याख्यान दिया। इसी विषय पर वह सालों पहले से एक ग्रंथ लिखने में जुटे थे। पिछले कई वर्षो से वे निरन्तर व्यस्तम कार्यो में जीवन बिताते रहे थे। लेखन और वाचन उनकी जिन्दगी का महत्त्वपूर्ण हिस्सा रहा था। कई नए ग्रन्थों को लिखने की रूपरेखा भी वे संजोए हुए थे।

1 दिसम्बर, 1956 को उन्होंने बुद्धिष्ट आर्ट गैलरी भी देखी। 2 दिसम्बर, 1956 को अशोक विहार, दिल्ली में उन्होंने दलाई लामा के सम्मान में आयोजित समारोह में भाग लिया। 3 दिसम्बर की शाम को उन्होंने एक ग्रुप फोटो खिंचवायी, इसमें डॉ. अम्बेडकर, मिसेज अम्बेडकर व उनके पिता कृष्णराव कबीर और डॉ. मावलंकर थे। यह फोटो सविता अम्बेडकर के भाई बापू कबीर ने ली थी।

4 दिसम्बर, 1956 को उन्होंने 'द बुद्धा एंड कार्लमार्क्स' का अन्तिम अध्याय पूरा लिखकर टंकित करवाने के लिए दे दिया। आम दिन की तरह वे कार्य कर रहे थे। लोगों से मिलना–जुलना सब कुछ चल रहा था।

5 दिसम्बर, 1956 की रात जैन नेताओं का एक ग्रुप उनसे मिलने आया और उनसे उनकी बातचीत हुई। वे लोग डॉ. अम्बेडकर से अत्यन्त प्रभावित होकर गए थे, जाने से पहले उन्होंने 'जैन और बुद्ध' पुस्तक भी भेंट की। उसके बाद रात को सोने से पहले उन्होंने अपनी पुस्तक जिसकी भूमिका को टाइप्ड करवाया था, मंगवाकर देर रात तक उसे पढ़ते–जांचते रहे और फिर सो गए।

6 दिसम्बर, 1956 की सुबह चाय लेकर नौकर आया किन्तु वह तो ज़िन्दगी के सारे पड़ाव पार कर चुके थे। श्रीमती अम्बेडकर ने देखा तो वे सकते में रह गईं। शीघ्र ही उनके निधन की खबर आग की तरह फैल चुकी थी। डॉ. अम्बेडकर के अन्तिम दर्शनों के हेतु साथी और नेता लोग अलीपुर रोड में आने लगे और आम लोगों की भीड़ भी जुटने लगी।

लोग सम्वेत–स्वर से चिल्ला पड़ते थे, "बाबा साहब अमर रहें।"

निश्चित तौर पर वे आज भी अमर हैं।

उनके शव को मुंबई ले जाया गया। 7 दिसम्बर, 1956 की शाम को उनका अन्तिम संस्कार बौद्ध विधि से पूरा किया गया। जैसा उन्होंने कहा था कि वे हिन्दू धर्म में रहकर नहीं मरेंगे, वह इच्छा उनकी पूरी हो गई थी।

...और इस तरह संविधान का रचयिता और 'आधुनिक मनु' जीवन के सभी पड़ाव पार गए थे। दुनिया के कई समाचार पत्रों में उनको भावभीनी श्रद्धांजलि दी गई थी।

•••

पंचम अध्याय

डॉ. अम्बेडकर ने कहा था

• 'मैं मानता हूँ कि उच्च कहे जाने वाले हिन्दुओं के साथ मेरा कुछ बातों में मतभेद है। लेकिन मैं आपके सामने प्रतिज्ञा करता हूँ कि अपने देश की रक्षा के लिए मैं अपनी जान भी दे दूंगा।'

• मैं दलितों के राजकीय शूद्रत्व को दूर तो करूंगा ही परन्तु इसके साथ ही रक्त की अन्तिम बूंद तक संघर्ष करते हुए उनमें आत्मसम्मान का अहसास पैदा करा दूँगा। और भविष्य में हिन्दुओं के सामाजिक, राजनैतिक और आर्थिक वर्चस्व को चलने नहीं दूंगा।'

• मैं जिन अछूतों के प्रतिनिधि के रूप में यहाँ उपस्थित हुआ हूँ उनकी संख्या हिन्दुस्तान की कुल जनसंख्या का पाँचवां भाग है, अर्थात ब्रिटेन और फ्रान्स की कुल संख्या के बराबर है। ऐसे भारत की कुल जनसंख्या के एक बटा पाँचवे भाग के लोगों के प्रतिनिधि की हैसियत से मैं यहाँ आया हूँ। जिनकी दशा गुलामों से भी बदतर है और घृणित और पशुवत जीवन–यापन कर रहे हैं। गुलामों के मालिक उनको छूते थे, परन्तु हमें छूना भी पाप समझा जाता है। वह सदियों से शोषित है और उपेक्षित होता आ रहा है। सरकारें बदलीं, राज्य बदले, परन्तु दलितों का भाग्य बद से बदतर ही होता चला गया। ब्रिटिश राज्य से पहले अस्पृश्यता के कारण हम घृणित अवस्था में थे। ब्रिटिश सरकार ने हमारी हालत सुधारने के लिए क्या कुछ किया? पहले हम गांव के कुएं से पानी भर नहीं सकते थे, आज भी वही स्थिति है। क्या ब्रिटिश सरकार ने हमें वह अधिकार दिलाया? ब्रिटिश राज्य से पूर्व हम मन्दिरों में नहीं जा सकते थे और आज भी मन्दिरों के द्वार हमारे लिए बन्द हैं। फिर ब्रिटिश सरकार ने हम अछूतों के अधिकार के लिए क्या किया? पहले हमें पुलिस विभाग में भर्ती नहीं किया जाता था। क्या अब ब्रिटिश सरकार हमें पुलिस में भर्ती करती है? पहले भी

हमें सैनिक–सेवा में भर्ती नहीं किया जाता था। क्या अब सेना में सेवा करने का मौका दिया जाता है?

• मैं अस्पृश्य जाति में जन्मा, इसमें मेरा कोई अपराध नहीं था। क्योंकि यह किसी के बस की बात नहीं होती। परन्तु यह मेरे हाथ में है कि मैं किस धर्म में रहकर मरूं। इसलिए आश्वस्त होते हुए कहता हूं कि मेरी मृत्यु हिन्दू धर्म में रहते हुए नहीं होगी।'

• 'जनता का चार निश्चित श्रेणियों में वर्गीकरण असंभव है, यह इस बात से प्रमाणित है कि मूल चार वर्ण अब चार हजार जातियां बन गई हैं।... ब्राह्मण, क्षत्रिय, वैश्य, शूद्र ऐसे नाम हैं जो प्रत्येक हिन्दू के मन में एक निश्चित एवं स्थिर भावना के साथ जुड़े हुए हैं। जब तक ये नाम प्रचलित रहेंगे, हिन्दू इस जन्ममूलक ऊंच–नीच का मानते और उसके अनुसार आचरण करते रहेंगे।'

• कोई भी दो व्यक्ति एक दूसरे के समान नहीं, अर्थात किन्हीं भी दो व्यक्तियों को एक श्रेणी में नहीं रखा जा सकता, क्योंकि व्यक्तियों के स्वभाव–गुण सदैव अस्थिर और परिवर्तनशील होते हैं।'

• कांग्रेस का सदस्य होने के लिए आपने खादी की शर्त डाली। वैसी एक शर्त अस्पृश्यता निर्मूलन के सम्बन्ध में आप डाल सकते थे। प्रत्येक कांग्रेस सदस्य एक दलित लड़के को अपने घर में रखे, अथवा अपने घर खाना खाने को बुलाए, अथवा घरेलू कामकाज के लिए दलित स्त्री की नियुक्ति करे। इनमें से एक भी शर्त को जो पूरा करेगा, उसे ही कांग्रेस टिकट देगी ऐसी शर्त डाली जा सकती है।'

• 'इस प्रकरण में खलनायक होना मेरे भाग्य में बदा है, परन्तु जिसे मैं कर्तव्य मानता हूं, उससे मैं विचलित नहीं होऊंगा। मैं अपने लोगों के न्यायोचित हितों के प्रति विश्वासघात नहीं करूंगा, फिर भले ही आप मुझे नजदीक के खंभे पर फांसी चढ़ा दें।'

• अछूतों के जीवन–स्तर का ऊपर उठाना, उन्हें नागरिक अधिकार देना, उन्हें आवश्यक सामान उपलब्ध कराना आदि बातों के लिए उन्होंने कहा कि इसके लिए संघ को आवश्यक कदम उठाने होंगे अन्यथा हिन्दुओं के दृष्टिकोण में परिवर्तन नहीं होगा।'

• 'यदि साक्षात ईश्वर भी आकर कहे कि हिन्दू धर्म को मत छोड़ो, तो मैं उसकी भी नहीं सुनूंगा।'

• 'वर्णभेद ने सार्वजनिक भाव को मार डाला है। वर्णभेद ने सद्‌गुण को जात–पात के नीचे दबा दिया है और सदाचार को जात–पात में जकड़ दिया है।'

• 'वर्णभेद ने हिन्दुओं को फैलने से और दूसरे धर्म वालों को अपने में खपाने से रोका है। जब तक वर्णभेद रहेंगे, हिन्दू धर्म प्रचारक धर्म नहीं बन सकेगा और 'शुद्धि' आंदोलन एक मूर्खता और व्यर्थ चेष्टा मात्रा होगी।' और आगे कहा – 'जब तक वर्णभेद है, तब तक कोई संगठन नहीं हो सकता और जब तक संगठन नहीं, तब तक हिन्दू दुर्बल और दब्बू ही बने रहेंगे।'

• 'जिस धर्म के कारण तुम्हें नीचे का दर्जा दिया गया है, वह धर्म ऊपर के वर्ग के मतानुसार सनातन है। तुम्हें हमेशा नीचे ही रहना होगा।

• 'इस अन्याय का प्रतिकार तुम कर नहीं सकते, क्योंकि तुम्हारे पास मनुष्य–बल नहीं, द्रव्य–बल नहीं और मानसिक बल भी नहीं है। सामर्थ्य के सिवा प्रतिकार हो नहीं सकता और वह सामर्थ्य तुम्हारे पास आज नहीं है। अब यह बात स्वयं सिद्ध हो जाती है कि तुम्हें आवश्यक सामर्थ्य बाहर से हासिल करना होगा। धर्मांतरण किए बिना दूसरे समाज का सामर्थ्य तुम्हें प्राप्त नहीं हो सकेगा।

'हिन्दू तुम्हें परायों से भी अधिक पराए मानते हैं। शत्रुता से भरे इस वातावरण में रहकर तुम्हारा क्या भला होगा? एक मनुष्य दूसरे मनुष्य को इतना अधिक पतित समझे कि उसको छूने से इनकार करे, ऐसी प्रथा हिन्दू धर्म और हिन्दू समाज के सिवा अन्यत्र कहीं भी मिलेगी क्या? अस्पृश्यता हिन्दू धर्म पर कलंक है, ऐसा कुछ लोग कहते हैं, परन्तु हिन्दू धर्म कंलकित है, ऐसा एक भी हिन्दू नहीं मानता। तुम कलंकित हो, अपवित्र हो, ऐसा मात्र अधिकांश हिन्दू मानते हैं। तुम्हारे में से जो मुसलमान या ईसाई हुए, उनको हिन्दू लोग अछूत नहीं मानते। तुम्हारी अस्पृश्यता तथा असमानता के लिए यदि कोई कारण है, तो वह तुम्हारा और हिन्दू धर्म का संबंध है। जिस धर्म में मनुष्य की मनुष्यता का कोई मूल्य नहीं है, वह धर्म किस काम का?

• 'इस्लाम या ईसाई धर्म लेने से उनकी और दलित लोगों की राष्ट्रीयता में फर्क आ जाएगा। यदि इस्लाम धर्म लेकर कुबूल भी करेंगे, तो मुसलमानों की संख्या इस देश में एकाएक दूनी हो जाएगी और

इससे मुस्लिम सत्ता का खतरा भी पैदा हो जाएगा। यदि इसी तरह ईसाई धर्म अपनाया तो देश में ईसाइयों की संख्या बढ़ जाएगी और इसका फायदा सीधा ब्रिटिश सरकार को होगा। क्योंकि जनसंख्या के आधार पर ब्रिटिश सरकार की सत्ता सुदृढ़ हो जाएगी। इसके उलटे यदि वे और अन्य दलित लोग सिख धर्म ग्रहण करते हैं, तो उनकी राष्ट्रीयता तथा संस्कृति पूर्वतः बनी रहेगी। जिससे वे पहले की भांति देश की राजनीतिक प्रगति में भागीदारी करते हुए सहायक हो सकेंगे।'

- 'उदासीनता से बढ़कर और कोई रोग हो नहीं सकता। हिन्दू इतने उदासीन क्यों है? मेरी राय में यह उदासीनता वर्णभेद का ही परिणाम है। वर्णभेद ने किसी काम के लिए भी संगठन और सहयोग को असंभव बना दिया है।'

- 'ब्राह्मणवाद और पूंजीवाद ये दो मजदूरों के दुश्मन हैं, क्योंकि ये दोनों समता, स्वतंत्रता तथा बंधुता के विरुद्ध हैं।'

- ''मैं विधानपरिषद में क्यों आया? इसलिए ताकि अछूत वर्ग के हितों की रक्षा कर सकूं। इससे ज्यादा मुझे और क्या खुशी होगी कि मुझे इतनी बड़ी जिम्मेदारी सौंपी गई। जिसकी मुझे कल्पना तक नहीं थी। मुझे आश्चर्य–सा धक्का लगा जब विधानसभा ने मुझे मसौदा–समिति में नियुक्त कर विश्वास जताया और यह काम करवा के मुझे सेवा करने का अवसर दिया। इसके लिए मैं उनके प्रति कृतज्ञता प्रकट करता हूँ।'

- 'आप हिन्दू–प्रणाली, हिन्दू संस्कृति और हिंदू समाज की रक्षा करना चाहते हैं, तो उसमें जो विकृतियां आ गई हैं, उसको सुधारने में तनिक भी हिचकिचाहट न करें। हिन्दू कोड बिल हिन्दू–प्रणाली के केवल उन्हीं अंशों का सुधार चाहता है, जो विकृत हो गए हैं।'

- 'स्पृश्य हिन्दुओं के बहुमत के आधार पर गाँधीजी और उनकी कांग्रेस ने मेरा और मेरे पक्ष का राजनीतिक जीवन समाप्त कर दिया।'

- 'हम भारत के मूल निवासी हैं और हम किसी ऐसे धर्म को स्वीकार नहीं कर सकते, जो हमारा भारत–प्रेम बांट कर या छीनकर विदेश में ले जाने के कारण बने।'

- 'मैं नहीं चाहता कि भारत में देश के विध्वंसक के तौर पर मेरा नाम रहे।'

• 'मैंने यह प्रतिज्ञा की थी कि यद्यपि मैंने हिन्दू धर्म में जन्म लिया है, तो भी हिंदू धर्म में मरुंगा नहीं। ऐसी प्रतिज्ञा मैंने आज से 21 वर्ष पहले की थी और उसे आज पूरा भी कर दिखाया। इस धर्मांतरण से मैं बड़ा ही खुश हुआ हूँ और प्रफुल्लित हो उठा हूँ। मुझे ऐसा मालूम होता है कि मैं नरक से छुटकारा पा गया हूँ।'

• ऐ मेरे समाज के लोगो! तुम कांग्रेस के चार आने के भी सदस्य मत बनना।

(चुनाव हारने के बाद बाबा साहेब डॉ. अम्बेडकर द्वारा दिए गए भाषण की एक पंक्ति।)

• किसी भी देश का संविधान कितना भी अच्छा क्यों न हो, अगर उसे लागू करने वाले अच्छे नहीं हैं, तब वह संविधन भी अच्छा नहीं रहेगा।

• हजारों सालों से बहुजन समाज को शिक्षा व धन–सम्पत्ति अर्जित करने का अधिकार न देने वाली मनु–व्यवस्था लागू है, तब बहुजन समाज इन शर्तों को कैसे पूरा कर सकता है? आज भी कांग्रेस की लगाम उन्हीं के हाथों में है, जो मनुस्मृति के आधार वाली घृणित व्यवस्था के हामी है।

• मैंने संविधान दलित–शोषित समाज के हित को ध्यान में रखते हुए बनाया है। अगर संविधान को लागू करने वालों की नीयत ठीक नहीं है, तब दलित–शोषित समाज का भला नहीं हो सकता। हमने देखा है कि अंग्रेजों के जाने के बाद जिनके हाथों में सत्ता आई, उनकी नीयत ठीक नहीं रही है।

• आरक्षण को सही तरीके से लागू होने पर यह दबा–कुचला समाज सवर्णों के बराबर लाया जा सकेगा।

• अपने लोगों के लिए मैंने तमाम कष्टों को सहकर जो कुछ हासिल किया है, इसके लिए मुझे कांग्रेस, गाँधी और उनके चेलों से कदम–कदम पर संघर्ष करना पड़ा है।

• इस देश के अंदर जितनी भी पिछड़ी जातियां हैं, उनके उद्धार के लिए किसी भी पार्टी की सरकार बने, उसकी जिम्मेदारी बनती है कि वह कमीशन बैठाए।

• 15 प्रतिशत लोगों ने समाज को तोड़कर, आज तक 25 प्रतिशत लोगों पर शासन किया है। उनका काम तोड़ना है और हमारा काम जोड़ना है। जाति के आधार पर तोड़े गए लोगों को जोड़कर, हमें शक्तिशाली बनकर इस देश में व्याप्त मनुवादी व्यवस्था को उखाड़ फेंकना ही हमारा लक्ष्य है।

• दलित–शोषित समाज के भूमिहीन लोगों को खेती की जमीन देने के लिए अंग्रेज राजी हो गए थे। अंग्रेज 'सेपरेट–सैटलमेंट' के लिए भी रजामंद थे, ताकि हम लोग अलग से अपने रहने के लिए बस्तियां बनाएं, जिसमें हम करोड़ों लोग एक साथ रहेंगे और अपने बलबूते पर अपने विधायक (एम.एल.ए.), एम.पी. आदि चुनकर भेजेंगे और स्थानीय प्रशासन – 'लोकत सेल्फ गवर्न्मेंट' खुद चलाएंगे। इन बातों को अंग्रेजों ने भी मान लिया था, लेकिन आज की आजाद भारत की सरकार नहीं मान रही है। (18 मार्च, 1956 को आगरा में बाबा साहेब द्वारा दलित–शोषित समाज की एक जनसभा में रो–रोकर दिया गया बयान।) गुलाम से कह दो कि वह गुलाम है। वह उठ पड़ेगा और विद्रोह कर देगा।

• आपको अपने अभीष्ट की पवित्रता में अडिग विश्वास रखना चाहिए। आपका लक्ष्य उत्तम है और आपका ध्येय (मिशन) सर्वोच्च एवं गौरवशाली है। वे धन्य हैं, जो अपने उन समाज बांध्वों के प्रति, जिनके बीच उन्होंने जन्म लिया है, अपने कर्तव्यपालन हेतु पूर्णतः सजग हैं। उनकी महिमा को धन्य हैं, जो अपना समय, अपनी विद्वता एवं अपना सर्वस्व दासता से विमुक्ति के लिए अर्पित करते हैं। गौरवशाली हैं वे, जो दासता में जकड़े हुए लोगों की स्वतंत्रता के लिए महान संकटों, हृदय विदारक अपमानों, काल झंझावातों और जोखिमों के होते हुए भी तब तक अपना संघर्ष जारी रखते हैं, जब तक कि पद दलित जन अपने मानवीय अधिकारों को प्राप्त नहीं कर लेते।

• मनुवादियों को कोई अधिकार नहीं कि वे दलितों का नेतृत्व करें, क्योंकि वे दलितों का कभी भला नहीं कर सकते। समाज की समतावादी रचना को सही दिशा तो समाज के उसी वर्ग का व्यक्ति दे सकता है जिसने खुद निरादर एवं दरिद्रता का अनुभव किया हो।

• यद्यपि मैं व्याख्यान लाहौर में दे रहा हूँ, लेकिन मैं पेशवाओं के क्षेत्र बम्बई–पूना का रहने वाला हूँ। यहाँ जब मैं ब्राह्मण कहूँगा, तब शायद आप पानी भरने वाला या रसोइऐ की कल्पना करेंगे। जहाँ से मैं आया हूँ, वह पेशवाओं की धरती है – जो शासक और हमारे लोगों के भाग्य–विधाता रहे हैं और वहाँ तस्वीर बिल्कुल उल्टी है। घोर विषाद जनक! हमारे लोग न ही केवल बहिष्कृत हैं, जिनकी छाया भी, ब्राह्मणों के रास्ते को नहीं छू सकती है, माने गए, बल्कि अपने थूकने के लिए भी गले में हंडिया और रास्ते को साफ करने के लिए कमर में झाड़ू बांधकर चलने को विवश किए गए।

('जातिवाद का उच्छेद' नामक पुस्तक से)

• राजनीति में उदासीन होना अपने अधिकारों के प्रति उदासीन होना है। पिछड़ी हुई जातियां संगठित होकर राजनीतिक शक्ति प्राप्त कर सकती हैं और अपनी मुक्ति का दरवाजा स्वयं खोल सकती हैं।

• कांग्रेस केवल राजनीतिक स्वतंत्रता की बात करती है, जबकि मैं दो हजार वर्षों से मानवीय अधिकारों से वंचित, गुलामी का जीवन जीने वाले दलितों की स्वतंत्रता और उनके मानवाधिकारों की बात करता हूँ। हम इस बात को अपने साथ किया जाने वाला भारी विश्वासघात मानेंगे, यदि हमें उन लोगों की दया पर छोड़ दिया गया, जिन्होंने हमारे दु:खों और कष्टों का कभी ख्याल नहीं किया और जिनके ऐश्वर्य की इमारतें हमारे पतन और हमारे विनाश की बुनियाद पर खड़ी हुई हैं।

• महात्माजी! यह ठीक है कि मेरे जन्म से पहले ही आपने अछूतों की समस्याओं के बारे में सोचना प्रारंभ कर दिया था। सभी पुराने ओर वयोवृद्ध (लोग अपनी बात के मनवाने के लिए अपनी आयु पर बल देते हैं। यह ठीक है कि कांग्रेस ने अपने बल देने पर इस समस्या को मान्यता दी है, परंतु मैं स्पष्ट और खुले शब्दों में यह कहना चाहता हूं कि कांग्रेस ने अछूतों की समस्या को मान्यता देने के अलावा और कुछ नहीं किया। कांग्रेस जो कहती है, उसके प्रति वह वफादार नहीं है। यदि कांग्रेस अछूतों के प्रति सच्ची होती, तो वह कांग्रेस का सदस्य बनने के लिए खद्दर पहनने की शर्त की भांति, छुआछूत न मानने की शर्त भी लगाती।

(14 अगस्त, 1931 को गाँधी जी से बातचीत के दौरान व्यक्त विचार)

• मेरे शोषित व गरीब भाइयों! मैंने तुम्हारे लिए जो कुछ भी किया है, वह बेहद मुसीबतों, अत्यंत दुखों और बेशुमार विरोधों का मुकाबला करके किया है। यह कारवां आज जिस जगह पर है, इस जगह पर मैं इसे बड़ी मुसीबतों के साथ लाया हूँ। तुम्हारा कर्तव्य है कि यह कारवां सदैव आगे ही बढ़ता रहे, बेशक कितनी ही रुकावटें क्यों न आएं। यदि मेरे अनुयायी इस कारवाँ को आगे न बढ़ा सकें, तो इसे यहीं छोड़ दें, पर किसी भी हालत में इसे पीछे न जाने दें। अपने लोगों से मेरा यही संदेश है।

(6 दिसम्बर, 1956 को मृत्यु से पूर्व व्यक्त विचार)

• Political power in this country has too long been monoply of a few and the many are not only the leabls of burden, but also beasts of prey. The monopoly has not merely deprived them of their chances of betterment it has rapped them of what may be called the significance of life. These downtrodden classes are tried of being governed. They are impatient to govern themselves. This urge for self realisation in the downtrodden classes must not be allowed to develope into a class struggle or class-war. It would lead to division of House. That would, indeed be a day of disaster. Therefore, the sooner room is made for the realisation of their aspiration the better for the few, the better for the country the better for the maintenance of its independence and the better for the continuance of its – democratic structure. This can only be done by the establishment of equality and fraternity in all spheres of life.

• जिन्हें द्विजातियों द्वारा छूना ही पाप है, जो पशु से बदतर जीवन जीने के लिए मजबूर किए गए हैं, जिनके लिए मंदिर में जाकर आंसू बहाने तक की पाबंदी है, उनकी मुक्ति के बिना, उनको जीने का अधिकर दिए बिना, भारत की आजादी का कोई अर्थ नहीं होगा।

• मैं (गाँधी जी से) घृणा तो नहीं करता, लेकिन उन्हें पसंद भी नहीं करता। मेरी नापसंदगी का कारण यह है कि मैं देश को सर्वोपरि मानता हूँ। इस चपेट में गाँधी जी तो क्या कोई आ जाए, तो मैं उसे छोड़ूंगा नहीं।

• साम्प्रदायिक मसला वह कठोर चट्टान थी, जिससे टकराकर भारतीय 'गोलमेज सम्मेलन' का जहाज चूर–चूर हो गया। सम्मेलन भंग हो गया, क्योंकि बहुसंख्यक और अल्पसंख्यक संप्रदायों के बीच कोई समझौता नहीं हो सका। भारत के अल्पसंख्यकों का आग्रह था कि स्वराज के अधीन उनकी स्थिति को सुरक्षा प्रदान की जाए और उन्हें विधानमंडलों में विशेष प्रतिनिधित्व दिया जाए।

• सभी मानते हैं कि सिख और मुसलमान अछूतों से सामाजिक, राजनीतिक और आर्थिक दृष्टि से उन्नत है। गोलमेज सम्मेलन के पहले अधिवेशन ने मुसलमानों को मान्यता दे दी है और उनके लिए राजनीतिक सुरक्षा की सिफारिश कर दी है। कांग्रेस उनकी मांगों से सहमत हो गई है। उस अधिवेशन ने दलित वर्गों के राजनीतिक अधिकारों को भी मान्यता दे दी है और उनके लिए राजनीतिक संरक्षण और पर्याप्त प्रतिनिधित्व देने की सिफारिश भी कर दी है। हमारे विचार में यह संरक्षण दलित वर्गों के लिए लाभदायक है।

• मैं पूर्ण शक्ति के साथ कहता हूँ कि जो कोई भी विशेष अधिकार मांगता है और जो कोई भी उन्हें देने को तैयार है, वह मेरे हिस्से में से कदापि नहीं दे सकता।

• ...गाँधी जी का यह कोई नैतिक लड़ाई नहीं है, केवल राजनीतिक तिकड़मबाजी है... मैं पृथक चुनाव के अधिकारों को नहीं छोड़ूंगा। इससे यदि स्थिति बिगड़ती है, तो बिगड़ जाए।

• जो लोग मेरे साथ बातचीत नहीं रख सकते कि मुझसे इस तरह कोई बात मनवा सकते हैं। उनको या तो बातचीत करनी चाहिए, या मेरे सामने आकर लड़ना चाहिए। चाहे गाँधी जी जानते हों या नहीं उनके अनशन व्रत का परिणाम इसके अलावा कुछ नहीं होगा कि सारे देश में उनके अनुयायी अछूत जातियों पर अत्याचार करेंगे। वे रूढ़िवादी और काबू में न आ सकने वाली शक्तियों को जन्म दे रहे हैं और हिन्दुओं तथा अछूतों के मध्य घृणा पैदा कर रहे हैं, यदि वे ऐसा नहीं चाहते, तो उन्हें अपने फैसले पर पुनर्विचार करना चाहिए और अनशन–व्रत के भयानक परिणामों को देखना चाहिए।

• मुझे सदैव ऐसा लगा कि साम्प्रदायिक निर्णय (Communal Award) के विरोध में गाँधी जी के अनशन के पीछे प्रेरणा यह नहीं थी

कि वह अस्पृश्यों के बंधन काटना चाहते थे बल्कि यह थी कि वह हिन्दुओं को बर्बादी से बचाना चाहते थे। वह किसी भी कीमत पर उसे करना चाहते थे, भले ही वह अस्पृश्यों की राजनीति ही क्यों न हो। 'साम्प्रदायिक निर्णय' की उनकी अस्वीकृति वैसी ही थी, जैसी कि गृह युद्ध के बाद दक्षिण अमरीका के रहने वालों द्वारा नीग्रों के मताधिकार की अस्वीकृति।

• यह खेद की बात है कि प्रो. मैक्समूलर कभी भारत नहीं आए। सिद्धांत और यथार्थ में कितना अंतर होता है। इसे देखने के बाद वह संभवतः अंतर को स्पष्ट कर सकते थे। यह अंतर उस ब्रह्म सिद्धांत के बावजूद है, जिसकी दुहाई देते ही ब्राह्मण यह कहते हैं कि ब्रह्म प्राणियों में व्याप्त है और सभी प्राणियों में उसका वास है। इस प्रकार दलितों में भी तो है, तो फिर उनके प्रति निन्दनीय रवैया क्यों?

• 26 जनवरी, 1950 से हम विसंगतीय जीवन में प्रवेश करने जा रहे हैं। राजनीति में समानता मिलेगी किन्तु सामाजिक आर्थिक जीवन में सामाजिक एवं आर्थिक कुरीतियों के कारण हमें असमानता मिलेगी। राजनीति में हम 'एक व्यक्ति, एक वोट, एक वोट–एक मूल्य' की समानता को स्वीकार कर लेंगे। लेकिन सामाजिक–आर्थिक कुरीतियों के कारण हम 'एक व्यक्ति, एक मूल्य' के सिद्धांत को स्वीकार नहीं कर पाएंगे। हम कब तक विसंगतियों का जीवन व्यतीत करते रहेंगे? कब तक हम सामाजिक–आर्थिक समानता को स्वीकार करते रहेंगे।

• समता, स्वतंत्रता, न्याय एवं बन्धुत्व के आधार पर अधिष्ठित सामाजिक व्यवस्था का जीव नहीं – लोकतंत्र कहलाता है। भारत में समता का पूर्ण अभाव है। राजनीति में हमें समानता मिली है, परंतु सामाजिक एवं आर्थिक जीवन में विषमता का ही बोलबाला है। हमें इस विषमता को फौरन नष्ट कर देना चाहिए।

• सामाजिक उत्पीड़न की तुलना में राजनीतिक उत्पीड़न कुछ भी नहीं है। जो समाज सुधारक समाज को ललकारता है, वह गवर्नमेंट का विरोध करने वाले राजनीतिज्ञ से कहीं अधिक निर्भीक है।

• केवल जीवित रहने में ही कोई विशेष बात नहीं है। मुख्य बात जीवित रहने के स्तर की है। कोई भी व्यक्ति दास रहकर जीवित रह सकता है। कोई कायरता का जीवन व्यतीत कर सकता है। कोई

संघर्ष करते हुए जीवित रह सकता है। जीवित रहने के विभिन्न स्तर होते हैं, लेकिन सभी समान रूप से सम्माननीय नहीं होते हैं। व्यक्ति और समाज के लिए केवल जीवित रहने में और सम्मान से रहने में बहुत अंतर है। अधिकारों के लिए संघर्ष करना तथा आत्मसम्मान के साथ रहना, एक प्रकार का जीवन स्तर है। संघर्ष से पराजित होकर कैदी जैसा जीवन बिताना, दूसरे प्रकार का जीवन–स्तर है।

• हम तालाब पर इसलिए जाना चाहते हैं कि हम भी औरों की तरह हैं और मनुष्य की तरह जीना चाहते हैं। और अछूत समाज हिन्दू धर्म के अंतर्गत है या नहीं, इस प्रश्न पर हमेशा–हमेशा के लिए फैसला चाहते हैं। जिस तालाब में अमंगल पशु पानी पी सकते थे, स्नान कर सकते थे, उस तालाब में मानव की शक्ल में शूद्र पानी नहीं पी सकते थे। इस व्यवस्था का मुख्य कारण 'मनुस्मृति' है।

('महाड़ जल सत्याग्रह' के अवसर पर)

• प्रश्न यह है कि अछूत जातियां मंदिर में प्रवेश करना चाहते हैं या नहीं, इस प्रश्न पर अछूत जातियां दो प्रकार से विचार कर रही हैं। पहला यह है कि भौतिक दृष्टि से अछूत जातियां अपनी उन्नति के लिए उच्च शिक्षा, उच्च नौकरियों और जीवन निर्वाह के लिए अच्छे साधन आवश्यक मानती है। वे एक बार सामाजिक स्तर पर प्रतिष्ठित हो जाए, तो फिर उनके प्रति कट्‌टर हिन्दुओं के धार्मिक दृष्टिकोण में निश्चित तौर पर परिवर्तन हो जाएगा।

• ... इस दृष्टिकोण से अछूतों का कहना है कि वे अपना समय एवं शक्ति मन्दिर–प्रवेश जैसी निरर्थक बात पर व्यय नहीं करेंगे। वे इसके लिए क्यों नहीं लड़ना चाहते, इसका दूसरा कारण है कि उनमें आत्मसम्मान की भावना भी है, क्योंकि कुछ समय पहले भारत के यूरोपीय क्लबों पर यह बोर्ड लगाए जाते थे – "कुत्ते और हिन्दुस्तानियों को अंदर आने की इजाजत नहीं है।" हिन्दुओं के मंदिरों में भी ऐसे ही बोर्ड लगे हुए हैं। अंतर केवल इतना है कि सब हिन्दुओं और कुत्तों सहित सभी जानवरों को अंदर आने की इजाजत है। जब हिन्दु लोग यूरोपियनों से क्लब में जाने की भीख नहीं मांगे, तो अछूत मंदिरों में प्रवेश करने के लिए भीख क्यों मांगने जाएंगे?

मंदिर के दरवाजे अछूतों के लिए खोलना या न खोलना, यह हिन्दुओं के लिए विचार करने का प्रश्न है, मेरे लिए आंदोलन करने का नहीं। अगर हिन्दू समझते हैं कि मानव के व्यक्तित्व की पवित्रता को अपमानित करना एक बुरी बात है – तो मंदिर के दरवाजे खोल दें और एक शरीफ आदमी बन जाएं। और एक शरीफ आदमी बनने की अपेक्षा वे हिन्दू बने रहना अधिक पसंद करते हैं, तो मंदिर के दरवाजे बंद कर ले; क्योंकि अछूत समाज वहां जाने की परवाह नहीं करता।

• दुर्भाग्य से मैं हिन्दू समाज के अछूत वर्ग में पैदा हुआ, यह मेरे वश की बात नहीं थी। परंतु हिन्दू समाज में बने रहने से इंकार करना मेरे वश की बात है। मैं आप लोगों को विश्वास दिलाता हूँ और प्रतिज्ञा करता हूँ कि मैं हिन्दू रहकर मरूंगा नहीं।

• हिन्दू धर्म में व्यक्ति के लिए कोई स्थान नहीं है। हिन्दू धर्म की रचना वर्ण–कल्पना के आधार पर है। एक वर्ग दूसरे वर्ग के साथ कैसा व्यवहार (बर्ताव) करे, इसका बंधन हिन्दू धर्म में है। व्यक्ति का जीवन स्वतंत्र होता है। उसका जीवन समाज की सेवा के लिए नहीं, बल्कि आत्मोन्नति के लिए है। जिस धर्म में एक वर्ग विद्याध्ययन करे, दूसरा शस्त्र धारण करे, तीसरा व्यापार करे और चौथा सिर्फ सेवा करे, ऐसा कहा गया है। वह धर्म मुझे स्वीकार नहीं। जो धर्म एक को 'विज्ञ' बनाने के लिए दूसरों को 'अज्ञ' बनाए रखता है। वह धर्म वहीं, बल्कि लोगों को भौतिक गुलामी से रखने का षड्यंत्र है। जो धर्म एक हाथ में शस्त्र देकर, दूसरे को निःशस्त्र बनाए रखता है, वह धर्म नहीं बल्कि एक के द्वारा दूसरे को पराधीन रखने की चालाकी है। जो धर्म कुछ ही लोगों को धन प्राप्त करने का मार्ग खुला रहता है और शेष को जीवन–निर्वाह के लिए दूसरों पर अवलम्बित रहने की आज्ञा देता है। वह धर्म नहीं बल्कि स्वार्थ परायणता है।

• आपको अपनी गुलामी का खात्मा खुद करना पड़ेगा। इसके खात्मे के लिए किसी परमात्मा या अवतारी जीव पर भरोसा मत रखो। आपकी मुक्ति सामाजिक एवं राजनीतिक शक्तियों में है, न कि तीर्थस्थानों, पूजापाठ और भक्ति में है। शास्त्रों में भक्ति दिखाने से आप लोगों को गुलामी एवं गरीबी से छुटकारा नहीं मिलेगा। तुम्हारे बुजुर्गों ने ऐसा ही किया, लेकिन उनको कोई सुख नहीं मिला और न

हीं हमें दुःखों से मुक्ति दिला सके। अपने बाप–दादा की तरह ही फटे–पुराने कपड़ों में रहते हो। फैंकी हुई रोटियों पर जीते हो। नालियों के किनारे गंदी बस्तियों में रहकर अपना जीवन गुजारते हो, जिसके कारण जल्दी ही रोगी और मौत के शिकार होते हो। आपके धार्मिक व्रत, विश्वास और तपस्या आपको भुखमरी और गुलामी से नहीं बचा सकतीं।

• ...यदि हम भारत देश में लोकतंत्र की स्थापना करना चाहते हैं, तो वोट देने का अधिकार, पढ़े–लिखे, धनी एवं सम्मानित व्यक्तियों को ही न देकर भारत के समस्त बालिग नागरिकों को देना होगा, तभी हम देश में सही लोकतंत्र स्थापित कर सकते हैं। अगर हम वोट देने का अधिकार सिर्फ शिक्षित, धनी एवं सम्मानित व्यक्तियों को ही देना चाहेंगे, तो देश के मूल निवासियों (जिनके पास शिक्षा, धन एवं सम्मान नहीं है) के ऊपर घोर अन्याय होगा, क्योंकि जिस व्यक्ति की शिक्षा नहीं है, उसके लिए वह व्यक्ति दोषी नहीं है। बल्कि उसके लिए वह मनु–व्यवस्था दोषी है, जिसके कारण उन्हें शिक्षा ग्रहण करने का अधिकार नहीं दिया गया था। जिसके पास धन नहीं है, उसका दोष वह व्यक्ति नहीं, वह मनुवादी व्यवस्था दोषी है, जिसमें उसे धन अर्जित करने का अधिकार नहीं था। जिसके पास मान–सम्मान नहीं है, उसके लिए वह व्यवस्था ही दोषी है, जिसमें इंसान को सिर्फ अपमानित करने का विधान है।

• यदि आप हिन्दू प्रणाली, हिन्दू संस्कृति और हिन्दू समाज की रक्षा करना चाहते हैं, तो उसमें जो खराबियां पैदा हो गई है, उनको सुधारने में तनिक भी हिचकिचाहट न करें। हिन्दू कोड बिल हिन्दू प्रणाली के केवल उन्हीं अंशों का सुधार चाहता है, जो विकृत हो गए हैं, इसमें अधिक कुछ नहीं।

• राजनीतिक सत्ता एक ऐसी चाबी है, जिससे मुक्ति के सभी दरवाजे खोले जा सकते हैं। सारी सामाजिक प्रगति राजनीतिक सत्ता पर निर्भर करती है। राजनीतिक सत्ता सामाजिक प्रगति का मुख्य द्वार है। यदि अनुसूचित जाति एवं पिछड़ी जातियां अपने आपको एक तीसरी शक्ति के रूप में संगठित कर लें और कांग्रेस एवं सोशलिस्ट दोनों विरोधी विचारधाराओं के बीच एक तीसरी शक्ति बनकर उभरे तो

इस देश की राजनीतिक सत्ता प्राप्त कर अपनी मुक्ति द्वारा खेल सकती हैं। यह सचमुच आश्चर्य की बात है कि अनुसूचित एवं पिछड़ी जातियों की संख्या इस देश में ज्यादा है, फिर भी वे सवर्णों की गुलाम बनी हुई हैं।

• यदि तुम्हें कोई अपने महलों में बुलाता है, तो तुम खुशी से जा सकते हो, किन्तु तुम अपनी झोंपड़ी में आग लगा कर मत जाना, क्योंकि अगर किसी दिन राजा से तुम्हारा झगड़ा हो गया और उसने तुम्हें अपमानित करके अपने महल से निकाल दिया, तो कहां रहोगे? तुम बिकना चाहते हो, तो बिक सकते हो किन्तु अपने संगठन को बरबाद मत करना। मुझे अपनों से अधिक खतरा है।

• संतों ने कभी भी जाति और अस्पृश्यता के विरोध में कोई आंदोलन नहीं किया। वह मनुष्यों के आपसी संघर्ष के प्रति उदासीन रहे। वह मनुष्य और ईश्वर के अंतर्सम्बंधों के प्रति ही सजग रहे। उन्होंने मानव–समानता के उपदेश नहीं दिए।

• गाँधी जी अर्थात महात्मा का वर्ण पर दृष्टिकोण वैदिक वर्ण की खिल्ली तो उड़ाता ही है, उसे घृणास्पद भी बनाता है। वर्ण और जाति दो भिन्न विचार हैं। वर्ण प्रत्येक के जन्म पर आधरित है। दोनों उसी प्रकार भिन्न हैं, जैसे खड़िया, पनीर से। वास्तव में दोनों के बीच एक 'एंटीथीसिस' है। यदि महात्मा हर व्यक्ति द्वारा अपना पैतृक व्यवसाय करने के सिद्धांत में विश्वास करते हैं, तब वह निश्चित ही जाति–प्रथा की वकालत करते हैं और उसे वर्ण–व्यवस्था का नाम देकर वह न केवल अर्थ का अनर्थ करने के दोषी ही हैं, वह भयानक उलझनें भी पैदा कर रहे हैं।

• मैं हिन्दुओं और हिन्दू धर्म से इसलिए घृणा करता हूँ, उसे तिरस्कृत करता हूँ, क्योंकि मैं आश्वस्त हूँ कि वह गलत आदर्शों को पोषित करता है और गलत सामाजिक जीवन जीता है। मेरा हिन्दुओं और हिन्दू धर्म से मतभेद उनके सामाजिक आचार में कमियों को लेकर नहीं है। यह झगड़ा ज्यादातर सिद्धांतों को लेकर है, आदर्शों को लेकर है।

• The untouchables are not the only community in India which thinks of Mr. Gandhi in these terms. The same view of

Mr. Gandhi is entertained by the Muslims, the sikhs and the Indian christians. As a matter of fact, the Hindus should cogitate over the question and ask: Why no community trusts Mr Gandhi although he has been saying that he is the friend of the muslims, sikhs and the scheduled castes and what is the reason for this distrusts. In my judgement, there cannot be a greater tragedy for a leader to be distrusted by everybody as Mr. Gandhi is ....

(Dr B.R. Ambedkar in the Preface of ...... book "What congress and Gandhi have done to the untouchables in 1945, 24th June.)

• ऋग्वेद के पुरुष सूक्त के अतिरिक्त अन्य तीनों वेदों में 'शूद्र' शब्द का प्रयोग नहीं मिलता है।

• मेरे पिता की निर्धनता के कारण मुझे ऐसा कोई सुख नहीं मिला। अपने जीवन में जितना कष्ट मैंने सहन किया है, उतना किसी ने सहन नहीं किया होगा। इसलिए गरीबों का जीवन किस प्रकार कष्टमय होता है, इसे मैं भली प्रकार से जानता हूँ। आर्थिक दृष्टिकोण को सामने रखकर हमारा आंदोलन चलना चाहिए और मैं भी इस बात का विरोधी नहीं हूँ कि हमारी आर्थिक उन्नति होनी चाहिए। इसलिए मैं आज तक अपने लोगों की आर्थिक और मानसिक उन्नति के लिए संघर्ष करता हूँ। यही नहीं, बल्कि मानव–मात्र की उन्नति होनी चाहिए।

• अपने मन का विकास करने के लिए हमने आंदोलन किया। मैंने शिक्षा किस प्रकार प्राप्त की? मैं गरीबी के कारण लंगोटी लगाकर स्कूल जाता था। पानी के बगैर मैंने कई दिन बिताए। बम्बई नगर के एलफिंस्टन कॉलेज में भी यही अवस्था थी। ऐसी परिस्थिति अगर रही, तो इनसे दूसरी परिस्थिति क्या पैदा हो सकती है। गुलाम क्लर्क ही पैदा होंगे, तब अछूतों की भलाई क्या होगी?

• हमारा देश विदेशियों का गुलाम क्यों बना? यूरोप में 1939 से 1945 तक दूसरा महायुद्ध हुआ। जितनी फौज लड़ाई में मरती थी, उतनी फौज रोज भरती हो जाती थी। उस समय किसी ने यह नहीं कहा कि युद्ध जीतने का श्रेय किसी एक को ही प्राप्त है। यह सभी देशवासियों का महान श्रेय था। हमारे देश की बातें निराली रही हैं।

क्षत्रिय मर गए कि सारा देश मर गया। यही होता रहा है। इसीलिए देश कई बार गुलाम बना। अगर हम लोगों को शस्त्र धारण करने का अधिकार होता, तो यह महान देश कभी भी गुलाम न बनता और न कोई इस देश को आक्रमण से जीत ही सकता था।

• मैंने यह देश, इस देश के मूल निवासियों को सौंपने का प्रण किया था, यह युद्ध में 26 जनवरी, 1950 को जीत गया हूँ।... मैंने लोकतांत्रिक शासन प्रणाली बनाकर तथा बालिग मताधिकार का प्रावधान कर इस देश के बहुसंख्यक समाज को अपनी ओर से राजनीतिक सत्ता सौंप दी है। अभी यह समाज शासन की बागडोर संभालने लायक नहीं है। अगले तीस वर्षों में वह पढ़–लिखकर तैयार हो जाएगा और शासन अपने हाथों में ले लेगा।

• अन्य पिछड़े वर्ग से कहे जाने वाले लोग, जो वर्ण–व्यवस्था के अनुसार चौथे वर्ण अर्थात शूद्र वर्ण में आते हैं, मैं उनसे यह नहीं कहता कि वे आपस में रोटी–बेटी का संबंध रखें, परंतु अपनी समस्याओं के समाधान के लिए उन्हें साथ में मिलकर आगे आना चाहिए। पिछड़े वर्ग के भाइयों से मेरा कहना है कि हमेशा बिल्कुल अलग–थलग रहने से पिछड़े वर्ग के लोगों की बड़ी हानि है। बालिग मताधिकार ने जनता के हाथों में सत्ता सौंप दी है। मेरी राय में, यदि उत्तर प्रदेश के डेढ़ करोड़ दलित और दो करोड़ पिछड़े वर्ग के लोग एक साथ संघर्ष करें, तो वे विधानसभाओं में आधे से अधिक सीटों पर अपने लोगों को बैठा सकते हैं और इस प्रकार राजनीतिक सत्ता पर अपना अधिकार जमा सकते हैं।

• समुद्र में जब भी तूफान आता है, तब जहाज का कप्तान सवारियों को बचाने के लिए जहाज को सुरक्षित स्थान पर ले जाता है और लंगर डालकर समुद्र में शांति होने की प्रतीक्षा करता है। जब तूफान दूर हो जाता है, तब कप्तान जहाज को लेकर फिर चल पड़ता है। आज मनुवादियों अर्थात कांग्रेसियों के हाथों में सत्ता आ जाने से कमजोर तबकों की भविष्य का सितारा बादलों से घिरा हुआ है। कमजोर तबकों के समस्या रूपी जहाज को मनुवादियों की कुटिलतापूर्ण चालों से बचाने के लिए मैं इस मंत्रीमंडल से अलग हो जाऊंगा। इसलिए कोई भी कमजोर तबके का आदमी, जो मेरे

नेतृत्व में विश्वास करते हैं, कांग्रेस में शामिल न हों और मेरे आदेशों की शांति से प्रतीक्षा करें।

• आप लोग भी अपने आचरण को पत्थर जैसा बनाएं ताकि मनुवादियों की चालें उससे टक्कर खाकर नेस्तनाबूद हो जाएं.... मैं कांग्रेस मंत्रिमंडल में देश और पिछड़े वर्गों की भलाई करने के लिए शामिल हुआ हूँ। मैं कांग्रेस का चार आने वाला सदस्य भी नहीं बना हूँ। कांग्रेस संस्था और केन्द्रीय मंत्रिमंडल, ये दोनों विभिन्न संस्थाएं हैं। कांग्रेस एक जलता हुआ घर है। उसमें आग लग चुकी है। इसीलिए इस जलते हुए घर में प्रवेश करने का कोई साहस नहीं करे।

• ... 26 जनवरी, 1950 को संविधान लागू करके यह देश स्वतंत्र होगा। किसी समय यह देश स्वतंत्र था, परंतु अपने ही लोगों के विश्वासघात से हम स्वतंत्रता से वंचित हुए। क्या इतिहास अपने को दोहराएगा? इस विचार से मेरा मन चिंतित है। क्या भारत की जनता अपने मत, मजहब या स्वार्थ की अपेक्षा देश को अधिक महत्त्व देगी? मेरी भावना है, अपने रक्त की अंतिम बूंद तक देकर हमें अपनी स्वतंत्रता की रक्षा करनी चाहिए। यदि हम लोकतंत्र को सुदृढ़ करना चाहते हैं तो हमें अपने सामाजिक और आर्थिक लक्ष्य वैध मार्ग से प्राप्त करने चाहिए हिंसात्मक और कूटनीतिक उपायों से नहीं। इस देश में जितनी भक्ति, जितनी वीर पूजा और जितना अंधविश्वास है, उतना किसी अन्य देश में नहीं है।

• हम एक राष्ट्र हैं, ऐसा मानना आत्मवंचना है। हजारों जातियों में बंटे हुए लोग एक राष्ट्र कैसे हो सकते हैं? यह जातियां और वर्ण राष्ट्रविरोधी हैं। इन बाधाओं पर विजय पाने से ही हम एक राष्ट्र हो सकेंगे। जिस संविधान में हमने जनता के लिए, जनता का और जनता द्वारा तत्त्व निहित किए हैं, वह दीर्घकाल तक बना रहे। यदि हम ऐसा चाहते हैं, तो हमें सामने उपस्थित संकटों को समझने और उन्हें दूर करने में देर नहीं करनी चाहिए। देश की सच्ची सेवा का यही मार्ग है।

• भारत के पीड़ित लोगों की भलाई के लिए रात–दिन एक करके उसे समानता का दर्जा दिलाने के लिए मैंने जो संघर्ष किया, उससे

चिढ़कर ब्राह्मण–बनिया गठजोड़ ने मुझे हराया है। इसका मुझे दुःख नहीं है। मेरी सेवाओं की भले ही आज कद्र न हो, लेकिन थोड़े ही सालों के बाद लोग उसे अवश्य समझेंगे।

(संविधान के संयुक्त चुनाव में जनवरी, 1952 में हारने के बाद)

• Is there democracy in India or is there no democracy in India! What is the truth? No positive answer can be given – unless the confusion caused by equating democracy with Republic and by equating democracy with Parliamentary government is removed.

Democracy is quite different from a Republic as well as from Parliamentary Government. The roots of democracy lie not in the form of Government, Parliamentary or otherwise. A democracy is more than a form of government. It is primarily a mode of associated living. The roots of democracy are to be searched in the social relationship, in the terms of associated life between the people who from a society.

What does the word society connot? To put it briefly when we speak of 'society', we conceive of its as one by its very nature. The qualities which accompany, this unity are praiseworthy community of purpose and desire for welfare, loyalty to public ends and mutuality of sympathy and co-operation.

Are these ideals to be found in Indian society? The Indian society does not consist of individuals. It consists of an innumerable collection of castes which are exclusive in their life and have no common experience to share and have no bond of sympathy. Given this fact, it is not necessary to argue the point. The existence of the caste system is a slanding denial of the existence of those ideals of society and therefore democracy.

(Dr B.R. Ambedkar on 'Prospects of Democracy In India' while talking to voice of America on 20th May, 1956)

• जैसे पत्थर पानी की गहराई में पड़ा रहने पर भी सड़ता या

गलता नहीं है, उसी तरह मैं भी कांग्रेस के मंत्रिमंडल में रहूं, न रहूं या किसी और पार्टी के मंत्रिमंडल में रहूँ, अपने उद्देश्य से कभी विचलित नहीं हो सकता। पत्थर की भांति मैं सदा ही सुदृढ़ रहूंगा।

• अरे तुम्हारी यह दुर्दशा! तुम्हारे करुणाजनक चेहरे देखकर और तुम्हारे दीनता भरे शब्द सुनकर मेरा कलेजा फटा जा रहा है। तुम अपने दीन–हीन जीवन से दुनिया के दुःख–दरिद्रता को क्यों बढ़ाते हो? माँ के गर्भ में ही तुम मर क्यों नहीं गए? अब भी मर जाओगे, तो संसार पर तुम्हारा उपकार ही होगा। अगर तुम्हें जीना है, तो जिन्दादिल बनकर जिओ। इस देश के दूसरे मनुष्यों को मिलता है, वैसा अन्न, वस्त्र, मकान तुम्हें भी हासिल हो, यह तुम्हारा जन्मसिद्ध अधिकार है। और यह अधिकार प्राप्त करने के लिए तुम्हें ही आगे आना होगा और दृढ़ता के साथ काम करना होगा।

षष्ठ अध्याय

डॉ. बाबा साहेब अम्बेडकर के पावन संदेश

- तुम्हीं भारत के मूलवासी हो। तुम्हें इसके पहले अनार्य, असुर, राक्षस, शूद्र, अछूत और आज हरिजन, आदिवासी व दलित कहा जाता है।
- समस्त भारतभूमि तुम्हारे पूर्वजों की धरोहर है, तुम्हीं इसके सही और सच्चे उत्तराधिकारी हो।
- तुम्हारी विरासत पर तीन बार हमला हुआ। आर्यों, मुसलमानों और अंग्रेजों का।
- आर्यों–अनार्यों के युद्ध तुम्हारी हार का परिणाम तुम्हारी गुलामी है।
- तुम्हारी सभ्यता, संस्कृति, साहित्य, इतिहास और धर्म नष्ट कर दिया गया है।
- हिन्दू धर्म के भगवान और देवी–देवता तुम्हारे पूर्वजों के हत्यारे हैं।
- हिन्दू धर्म वर्णों का धर्म है, तुम किसी वर्ण में नहीं आते हो। हिन्दू सवर्ण हैं, तुम अवर्ण हो।
- हिन्दू धर्म के भगवान, उनके अवतार और उनके देवी–देवता न तो तुम्हारे हैं और न तुम उनके हो, वे तुम्हारे साये से भी परहेज करते रहे हैं।
- कुत्ते बिल्ली के पेशाब से उन्हें कोई परहेज नहीं है परन्तु तुम्हारे द्वारा दिये गए गंगाजल से वे अपवित्र हो जाते हैं।
- तुम हिन्दू कभी नहीं थे, तुम हिन्दू आज भी नहीं हो, तुम हिन्दू धर्म के गुलाम हो।

- जब तक तुम हिन्दू धर्म के गुलाम रहोगे, तुम्हारा स्थान सबसे नीचा रहेगा।
- हिन्दू धर्म छोड़ना धर्म परिवर्तन नहीं है यह तो गुलामी की जंजीर तोड़ना है।
- तुम्हारी मुख्य समस्या तुम्हारी गरीबी नहीं है बल्कि हिन्दू धर्म और हिन्दू समाज है, जिसमें जाति के आधार पर तुम्हारा धार्मिक, सामाजिक व आर्थिक शोषण हो रहा है।
- जब तक दलित वर्ग अशिक्षित रहेगा गड्ढे में गिरा रहेगा और हिन्दू व्यवस्था में लगा रहेगा। ज्यों–ज्यों वह शिक्षित होगा वह हिन्दू व्यवस्था के कानूनों को सहन नहीं करेगा और हिन्दू समाज से दूर चला जाएगा।
- समाज में शिक्षा ही समानता ला सकती है, शिक्षा से विवेक बढ़ता है और अपना निर्णय स्वयं लेने की क्षमता आती है।
- सरकार में दिये गए सुअर, भेड़, बकरे, गधे, मुर्गी, जूता सिलने की मशीन आदि आर्थिक उत्थान नहीं कर सकते।
- तुम्हें जो आरक्षण मिला है वह किसी की दया की भीख नहीं तुम्हारा अधिकार है।
- नौकरी में आरक्षण पूरा न होने से तुम्हारे करोड़ों भाई बेकार हैं।
- अधिकार माँगने से नहीं मिलता, छीनना होता है, इसे छीन लो।
- अधिकार पाने के लिए कुर्बानी देनी होती है, जिस कौम में कुर्बानी के बकरे न हों वो कौम आगे नहीं बढ़ सकती।
- अन्याय का विरोध और अधिकार की प्राप्ति ही जीवन है।
- 15 अगस्त, 1947 को तुम्हें गुलाम बनाने वाले आजाद हो गए, पर तुम्हें गुलाम बनाने वालों ने तुम्हें आजाद नहीं किया।
- तुम्हारी आजादी के लिए मैंने तुम्हें महान अस्त्र दिया है जो हिन्दुओं के ब्रह्मास्त्र से भी बड़ा है, वो है एक व्यक्ति का एक वोट।
- तुम अपने वोट से खुद राजा बन सकते हो।
- शिक्षित करो, आन्दोलित करो, संगठित करो, विजय तुम्हारी है।
- सामाजिक क्रान्ति के बिना राजनैतिक क्रान्ति अर्थहीन है।
- मेरा जीवन मूल नक्षत्र में हुआ था और पंडित जी ने बताया था कि

बच्चा अशुभ है।

- मैंने बचपन में कुंजड़े का धंधा किया, कंकड़ पत्थर बीनें, बागों में पानी दिया और खपरैलों की नालियां बनायीं। मेरा बाद का ही नहीं प्रारम्भिक जीवन भी कष्टमय रहा।
- मुझे पढ़े—लिखे दलित वर्ग ने बहुत धोखा दिया है इनसे आशा थी पढ़ लिखकर समाज सेवा करेंगे किन्तु मैं देखता हूँ गुलामी की भीड़ इकट्ठी हो गई है जो स्वार्थ में लिप्त है।
- मुझे ऐसे विद्वान चाहिए जो शासन के पदों पर बैठकर मेरे गरीब और निरीह लोगों की देखभाल कर सकें।
- मैंने जो कुछ किया है बहुत कष्ट और कठिनाइयों के बीच जीकर अपने विरोधियों के साथ जूझते हुए किया है।
- बड़ी कठिनाई के साथ इस कारवां को यहां तक लाया हूँ इस कारवां को आगे बढ़ाना और यदि मेरे अनुयायी इस कारवां को आगे न बढ़ा सके तो इसे यहीं छोड़ देना पीछे न ढकेलना, मेरे लोगों को यही मेरा सन्देश है।

परम पूज्य भारतरत्न बोधिसत्व बाबा साहब डा. भीमराव अम्बेडकर के विचारों को जानना और अनुकरण करना ही उनको सच्ची श्रद्धांजलि है।

•••

सप्तम अध्याय

बाबा साहेब डॉ. अम्बेडकर की बाइस प्रतिज्ञाएं

बाबा साहेब डॉ. अम्बेडकर के सम्पूर्ण जीवन संघर्श का निचोड़ उनकी बाईस प्रतिज्ञाओं में समाहित है जो इस प्रकार हैं –

1. मैं ब्रह्मा, विष्णु, महेश को कभी ईश्वर नहीं मानूंगा और न मैं उनकी पूजा करूंगा।
2. मैं राम और कृष्ण को कभी ईश्वर नहीं मानूंगा और न उनकी पूजा करूंगा।
3. मैं गौरी गणपति इत्यादि देवी–देवताओं को नहीं मानूंगा, न उनकी पूजा करूंगा।
4. ईश्वर ने कभी अवतार लिया है, मैं इस पर विश्वास नहीं करूंगा।
5. मैं भगवान बुद्ध को विष्णु का अवतार कभी नहीं मानूंगा। मैं ऐसे प्रचार को पागलपन और झूठा प्रचार समझता हूं।
6. मैं श्राद्ध कर्म कभी नहीं करूंगा और न कभी पिण्ड दान करूंगा।
7. मैं बौद्ध धर्म के विरुद्ध किसी बात को भी नहीं मानूंगा।
8. मैं कोई भी क्रिया–कर्म ब्राह्मणों के हाथों से नहीं कराउंगा।
9. मैं, सभी मनुष्य एक समान हैं इस सिद्धान्त को मानूंगा।
10. मैं समाज में समानता की स्थापना के लिए प्रयत्न करूंगा।
11. मैं भगवान बुद्ध के अष्टांगिक मार्ग का पूर्ण पालन करूंगा।
12. मैं भगवान बुद्ध की बताई हुई दस पारक्रमताओं का पूर्ण पालन करूंगा।
13. मैं प्राणी मात्र पर दया रखूंगा और उनका लालन–पालन करूंगा।
14. मैं चोरी नहीं करूंगा।

15. मैं व्यभिचार नहीं करूंगा।
16. मैं झूठ नही बोलूंगा।
17. मैं शराब इत्यादि नशीली वस्तुओं का सेवन नहीं करूंगा।
18. मैं अपने जीवन को बौद्ध धर्म के तीन तत्त्व ज्ञान, शील, करूणा पर ढालने का प्रयत्न करूंगा ।
19. मैं मनुष्य मात्र के उत्कर्ष के लिए हानिकारक और मनुष्य मात्र को असमान और नीच मानने वाले अपने पुराने धर्म का पूरी तरह त्याग करता हूं और बौद्ध धर्म को स्वीकार करता हूं।
20. मेरा ऐसा पूर्ण विश्वास है कि बौद्ध धर्म ही सद्धर्म है।
21. मैं ऐसा मानता हूं कि मेरा पुनर्जन्म हो रहा है।
22. मैं यह पवित्र प्रतिज्ञा करता हूं कि आज से मैं बौद्ध धर्म की शिक्षा के अनुसार आचरण करूंगा।

•••

सन्दर्भ ग्रन्थ सूची

1. डॉ. अम्बेडकर : जीवन और दर्शन
   लेखक – *डॉ. राजेन्द्र मोहन भटनागर*
2. बहुजन समाज और उसकी राजनीति
   लेखिका– *कुमारी मायावती एडवोकेट*
3. डॉ. बाबा साहेब अम्बेडकर
   लेखक – *डॉ. सूयै कुमार रणसुभे*
4. डॉ. अम्बेडकर जीवन दर्शन
   विजय कुमार पुजारी
5. मेरे संघर्षमय जीवन एवं बहुजन मूवमेन्ट का सफरनामा
   भाग एक
   लेखिका– *कुमारी मायावती*
6. अम्बेडकर टुडे हिन्दी मासिक
   संपादक – *राजीव रत्न*, लखनउ ।